感動だけが人を動かす

For You

永松茂久
Shigehisa Nagamatsu

きずな出版

当たり前なのに誰もが忘れかけていることがあります。

僕たちは必ず死ぬということ。

いまの時間は、それまでに残された限りあるものであるということ。

その中で、すべての人が幸せに向かって生きているということ。

そんな限られた人生の中で、命が輝く瞬間があります。

それは「感動」。

夢があることは素敵なことです。

しかし、たとえ夢を持てなくても、
あなたが幸せになる方法はあります。

それは日常の中で出会う人に対して、
「小さな期待以上」を目指すことです。

「普通はこうだよね」
という想定を結果が超えたとき、人は感動します。

そしてその感動だけが人を動かすのです。

けっして大きなことじゃなくていい。
スーパースターにしかできないような、

すごいことじゃなくていいのです。
ほんの小さな期待以上。
それがあなたの人生を感動に導きます。

プロローグ　とある小学校3年生の男の子が七夕にかけた願い

もうだいぶ前のことになります。

僕が経営していた飲食店、「陽《ひ》なた家《や》」がおこなっていたバースデーのイベントが、口コミで広がり始めた頃のことです。

陽なた家でのイベントは誕生日がメインではありましたが、頼まれれば、他の喜びごともお祝いするようになっていました。

新入社員の歓迎イベント、県大会の優勝祝い、還暦祝い、付き合って1周年記念日……。お祝いごとであれば、ケーキを準備して、その主人公のために全力でお祝いをさせていただいていました。

そんなある日、一本の予約の電話がかかってきました。

たまたま僕が電話を取ったのですが、どうやらその電話の主は、声からして子どものようでした。

「あの、陽なた家は何でもお祝いしてくれますか？」

「ええ、もちろんですよ。どんなお祝いですか？」

「……」

「もしもし？」

「……行ってから言います」

「わかりました。ケーキだけ準備しておきますので、何でも言ってくださいね」

そして当日。その子どもは、二人の成人男女を連れてきました。どうやらお父さん、お母さんのようでした。

両親は見るからに不機嫌そうな表情をしていました。

そのことが僕は少し気にはなりましたが、そのまま席にご案内しました。

三人は、他のテーブルに比べ、あまり会話をせずにご飯を食べていました。

子どもは僕たちのところにトコトコ寄ってきては、何かを言おうとするものの何も言わずにまた席に戻る、その繰り返しでした。


その日はたまたま七夕でした。

1週間ほど前から陽なた家では、きてくださったお客さんに願い事を書いてもらい、店内に置いた笹にそれを結びつけてもらっていました。


そのテーブルでも人数分の短冊をお渡ししたのですが、お父さんお母さんはまったく書く様子がありません。

その子どもだけがたまたま近くで空いていた席に座って何やら一人で書き、笹に結びつけていました。

その願い事には、こう書いてありました。

「お父さんとお母さんの結婚記念日ができますように。
お父さんとお母さんが前みたく仲良くしてくれますように。
たけちゃんに届きますように」

たけちゃん？　誰だろう？

いずれにせよ、その家族に何かあったことは間違いありませんでした。
僕がその子どもに「厨房《ちゅうぼう》を見てみたい？」と聞くと、彼はだまってうなずき、厨房に入ってきました。そのときに「何のお祝いをしたいの？」と聞いてみました。

よくよく聞いてみると、その日は両親の結婚記念日ということでした。

しかしその両親は、予約を入れてくれた小学3年生である彼の弟を、残念ながら2年ほど前に病気で亡くしてしまったそうです。それ以来、夫婦の仲がうまくいってないということでした。

それで、その彼が陽なた家のイベントをきっかけに仲直りしてほしいという願いから、勇気を出して予約したとのことでした。

彼は亡くなった弟であるたけちゃんと、お兄ちゃんである自分の二人で写っている写真を持ってきていました。

僕たちは、その写真を汚れないように加工してケーキに飾り、彼と弟二人からということで、結婚10周年のお祝いをすることになりました。

ぶかぶかではありましたが、ふだん僕たちがイベントで使っているウサギのぬいぐるみをかぶって、彼自身が両親のもとにそのケーキを持っていきました。

そのケーキには、彼が不器用な字で書いた、

「パパ、ママ、けっこん10ねんおめでとう」

というメッセージが添えられていました。

僕たちも彼の後ろに続いて、いつものように、いや、いつも以上に思いを込めてお祝いをさせていただきました。

両親は二人ともその日が結婚記念日だということを忘れていたようで、最初は驚いていましたが、お母さんは、ケーキに挿さった二人の子どもの写真を見て、思わず両手を顔に当てたまま大泣きしていました。横にいたお父さんも一生懸命、涙をこらえているのがわかりました。

食事後、少しだけお母さんと話すことができたのですが、お母さんいわく、次男（たけちゃん）を亡くしたショックで、その子は学校を休みがちになり、友達ともあまりうまくコミュニケーションが取れなくなってしまったということでした。

また、子どもを亡くした悲しみから両親のケンカが増え、そのせいで人と話すことにさらに恐怖心を持つようになってしまったらしく、そのことに両親は責任を感じ、とても悩んでいたそうです。

そんな彼が突然「陽なた家を予約したから行こう」と両親を無理やり連れてきたことにとても驚いたということでした。

彼としても大冒険だったのではないでしょうか。

ぎこちなくはありましたが、きたときより柔らかい表情になった両親に挟まれて、彼は帰っていきました。

陽なた家には「お客さんの声ノート」というものが各テーブルにあり、お客さんが自由に感想を書けるようになっています。

その家族が座っていたテーブルのノートには、見開きで仲良さそうな家族４人の絵があり、子どもの字でこう書いてありました。

「たけちゃん、七夕にみんなが仲直りしたよ。ありがとう」

その絵を見て、僕たちは一生懸命両親のことを考えたであろう、彼の純粋な思いを手伝える仕事ができたことに、あたらめて温かい気持ちになりました。

あのときの彼は、その後も何度か店にきてくれましたが、長く会っていません。もう結婚して子どもが生まれていてもおかしくない年齢になっています。

この先、会うことはないかもしれませんが、どこかで幸せに暮らしてくれていたらいいなと思います。

最近、いつ感動の涙を流しましたか？

人はどんなときに感動する？

誰かの優しさにふれたとき
できなかったことができるようになったとき
なにげなく出会った人が想像を超えるいい人だったとき
問題が解決されたとき
命の輝きにふれるドキュメンタリーを見たとき
心が震える映画や本に出会ったとき
つらいときに温かい言葉をもらえたとき
スポーツなどでがんばっている人を見たとき

心が温まるいい話を聞いたとき
大自然の景色にふれたとき
「大切にされているな」と感じたとき
ふとしたときに言われた「ありがとう」の言葉
ずっと謝りたかった人に「ごめんね」を言えたとき
誰かのために一生懸命がんばっている人を見たとき
子どもが一生懸命何かに挑戦しているのを見たとき
期待せずに食べたものが想像を超えて美味しかったとき
自分がやったことで人が喜んでくれたとき
思いがけず人生が展開する出会いに恵まれたとき

目次

第2章 感動だけが人を動かす

第3章

感動を生み出す人になるために

第4章 大切な人を思うとき、人は必ず強くなる

感動だけが人を動かす

第1章

なぜあの人はいつも感動を生み出すのか？

01

感動を生み出す人が知っているたったひとつの原則

◦なぜあの人は人に好かれるのか？

黙っていても人が集まってくる人がいます。

たくさんの人に囲まれて、いつも楽しそうにしている人がいます。

魅力的な組織をつくり上げる人がいます。

そういう人を見て「なんであの人は、あんなに好かれるのだろう」と多くの人は疑問を持ちます。

好かれる人たちは意識的か無意識的かは別として、みな人の心理を理解し行動しています。ここからこの本を読んでいただくにあたり、まずはあなたにその人間に共通するたったひとつの心理を覚えていただきたいと思います。

◦すべての人が向かっている方向の先にあるもの

人はなぜものを買うのでしょうか？
なぜおいしいものを食べたいのでしょうか？
集合写真を撮ったとき、なぜいちばんに自分の顔を探すのでしょうか？
なぜ自分を大切にしてくれる人を求めるのでしょうか？
これは僕たち人間が生まれたときからインプットされた本能がゆえです。

その本能とは何か？

それは「誰もがみな、幸せに向かって生きている」ということです。

これは例外はありません。

あなたのお父さんやお母さん、友人、会社の人、テレビに出てくる人やネットで書き込みをしている人、道ゆくときにすれちがうすべての人が、みな、心の底で、「幸せになりたい」と思いながら生きています。

なかには欲を手放そうとして修行しているお坊さんもいます。しかし、その人ですら、欲を手放した先にある幸せが欲しくて自分を磨いているのです。

その先にあるものが不幸であるとわかっていたら、修行する人は格段に少なくなるでしょう。

つまり、誰もがみな、自分のことがいちばん大切で、自分を認めてもらいたいのです。

おそろしいほどシンプルな心理なのですが、僕たちはともするとこの大原則を忘れてしまいそうになります。だからこそ、思わぬところで人を責めたり傷つけたりしてしまうのです。

恋愛、結婚、家族、職場、コミュニティ。想像しうる人がみな、幸せに向かって生きている。

まずはこのルールをしっかりと理解してください。そしてこのたったひとつの心理を中心としながら、ここから、感動についてともに考えていきましょう。

02

感動を生み出す原点になる考え方

◦「フォーユー」と「フォーミー」

「出会った人に感動を」

「常に期待以上」

この合言葉を軸に会社や事業を進め始めてから、もう20年が過ぎました。

このキーワードをできる限り短く表現できないだろうか？

そう考えて続けた結果、生まれた言葉があります。

それは「フォーユー」。

相手の気持ちや立場を考えて動く生き方を
「フォーユー」
そしてこの逆の自己中心的な生き方を
「フォーミー」
と僕は表現しています。

この考え方に出会ってからというもの、できているかどうかは別として、仕事人として、一人の人間として生きていく中で、僕はフォーユーを羅針盤にし、目指し続けて生きてきました。

そしてこの考え方は、僕の人生にたくさんの奇跡を起こしてくれました。

最初の頃はフォーユーとフォーミーを別のものと考えていました。

しかし、フォーユーを目指して進んでいくうちに、

本当のフォーミー、つまり自分の幸せはフォーユーと表裏の関係にある

ということが少しずつわかってきました。

つまり、誰かに喜んでもらうことで、結果としてまわりまわって自分に返ってくるのだ、ということです。

○自分が相手に何ができるか？

この本の冒頭で「すべての人は幸せに向かう」という原理原則があるとお伝えしました。

そう考えたとき、人は自分の幸せを応援してくれたり、与えてくれる存在のところに集まってくる、ということは必然的に理解していただけると思います。

これは自分の欲求に対して正直である子どもを見ているとすぐにわかります。
子どもはお菓子を買ってくれる人を好きになります。
逆にそのお菓子を取り上げる人からは逃げていきます。
大人もこれと同じで、自分に幸せをくれる人には集まります。
自分の幸せを奪う人からは離れます。

人に好かれ、仕事も人生もうまくいく人はこの心理をよく知っているからこそ、
まずは人に与えようとします。

「相手が何をしてくれるか」、ではなく、まずは「自分が相手に何ができるか」を常に考えているのです。

「いま、この人に自分は何ができるかな？」

心の中で、この質問をぜひ習慣にしてください。

それが習慣になっていくにつれ、あなたのまわりに自然と人が集まってくるようになります。

○利他のすすめ

フォーユー。

この考え方は僕が発明したものではなく、実は古くから日本人が最も大切にし、実践してきた考え方です。

そしてこれは道徳論や綺麗事ではなく、あなた自身が最短で幸せになる考え方であり、誰もが幸せになるたったひとつの合理的な方法なのです。

もう一度まとめます。
まずは相手の気持ちや立場を理解して与えること。
人はそんなフォーユーな人のところに集まってきます。
人はもらったものを相手に返そうとします。
当然、幸せをくれる相手には、同じように幸せを返します。

そう考えると、あなたが人に与えたフォーユーの総量が、まとめてあなた自身に返ってくるということになります。人に与えれば与えるほど、いやでもあなたのもとには幸せが舞い込んでくるのです。
ここからは特にこの「フォーユー」という言葉をたくさん使いますので、ぜひ覚えておいてください。

03

幸せはいつも自分の心が決める

◦この世はたくさんのチームでできている

むかし、人はマンモスを追いかけていた頃から群れをつくって生きてきました。
いまで言う「チーム」ですね。
人が二人以上いたら、そこに関係性の線が生まれます。
これを「人間関係」といいます。

この世の中はこの膨大なる数の線と、それによって生まれた数えきれないチームでできています。

親子、夫婦、兄弟、親戚、友人、職場、サークル、コミュニティ、ご近所さん。数えあげると星の数ほどになります。

人は生きていく中で、様々な問題に直面します。

仕事上、僕もたくさんの人の悩みをお聞きする立場に立たせていただいて感じるのですが、その中でもダントツ（ひょっとしたらすべてと言い切っていいかもしれないくらい）に多いのが、人間関係の悩みです。

そしてそこをもっと突き詰めていくと、ゴタゴタの原因は、

その人の心の姿勢が「フォーユー」であるか、「フォーミー」であるか、

このシンプルな一点に集約されるのです。

◦天国と地獄はこの世に存在する

ひとつの例え話を紹介します。

これは仏教の話です。


あるところに天国と地獄と呼ばれる場所があります。

そのふたつの場所は遠くではなく、すぐ近くにあります。

普通の丘に、たくさんの人が集まっている、と想像していただけるとわかりやすいかもしれません。

その丘には広場があり、みな、そこでご飯を食べるようになっています。
ふたつの大きな釜があり、その釜の中にはたくさんの食べ物があります。
ご飯の時間になると、天国チームと地獄チームに分かれその釜を囲みます。
そして一人一人箸を渡されるのですが、渡されたその箸はなぜか150センチ。
これは、天国の住人も地獄の住人も条件は同じです。

地獄チームの住人たちはまず、誰もが自分の食べたい物を我先に取って、自分の口に入れようとします。

しかし箸が長すぎて、うまく食べることができません。
他の人も自分の皿に食べ物を取っていきますから、みんなどんどん焦り始めます。
「おれの食べ物だ」「お前欲張りすぎだ」と、こうして争いが始まるのです。

これに対して天国チームの人たちは、自分の箸を使って目の前に座っている人の口に食べ物を運びます。

つまりお互いがご飯を食べさせ合うのです。

「おいしいね」

「ありがとう」

「次は僕があなたに取ってあげる」

こうしてみんなが笑顔になります。

この話はお互いが奪い合うと争いが起こり、与え合うと喜びが生まれるということの例え話です。

片方はどこまでも争いが続き、もう片方はどこまでも幸せになる。

これが「フォーミー」と「フォーユー」の違いなのです。

この話は、「幸せも不幸も自分の心が決める」ということを教えてくれています。

04

与える人が幸せになる理由

「フォーユー」には「フォーユー」が集まる

「類は友を呼ぶ」という言葉があります。
人は自然と、自分と似た考え方の人と仲良くなります。

フォーユーを目指す人には、同じくフォーユーを目指す人がいちばん近くに集まります。

逆にフォーミーな人にはフォーミーな人がいちばん近くに集まります。

その視点から見ても、フォーユーを目指す人はいいことだらけです。

例えばあなたが人に与え疲れたとしても、同じ思いを持った仲間があなたを助けてくれます。

当然です。まわりにいるフォーユーな人は、出会う人に喜ばれたい、助けたい、力になりたい、と常に思っている人です。その中には、当然あなたも含まれます。

特に人は、考え方の似た人に力を貸したくなります。

その相手がフォーユーを目指している人であれば「まわりの人の幸せのためにも、この人は助けなきゃいけない」と思うのです。

そしてフォーユーな人が得をするもうひとつの理由。

お客さんはみなフォーミーです。フォーミーな人は常に与えてくれるフォーユーな人のところに集まります。

ということは、あなたがフォーユーを目指せば、その分、お客さんが集まるということになります。

フォーユーは人間関係だけではなく、ビジネスも繁栄するもっとも合理的な姿勢なのです。

○「フォーミー」で生きるとなぜ苦しくなるのか？

これに対してフォーミーだと苦しいことのほうが増えます。

「類友の法則」で考えると、当然まわりにもフォーミーな人ばかりが集まります。

「まずは自分」と考えている人たちの世界の中で、もしパンがそこにひとつしかなかったとしたら、当然、争いが起こります。

そのため、「まわりの人に取られないように」といつも人を疑わなければいけなくなります。

フォーミーな世界では、常に自分一人で幸せになろうとする努力が必要になります。結果的に自分自身に労力がかかってしまうのです。

最初にお伝えしましたが、すべての人は幸せに向かっています。

もし一人だけで幸せになろうとする人を見ると、人は心のどこかで止めようとします。それは自分の幸せを奪われるかも、と感じてしまうからです。

フォーユーを目指し、まわりの人とともに幸せになろうと考える癖をつけること。

これが幸せを手に入れる最短の近道です。

フォーユーという考え方は、道徳論や綺麗事ではなく、自分自身をいちばん簡単に幸せにする合理的な方法なのです。

05

社会の仕組みは「喜ばれること」で成り立っている

・人は価値を感じる場所に集まる

学生の頃と社会人とで大きく変わることがあります。

それは自分と人との優先順位がひっくり返るということです。

学生の頃までは、自分のことを親やまわりの人たちがある程度守ってくれます。

しかし社会に出るとそうはいかなくなります。

どんな業種であれ、仕事をするということは「お客さんがいる」ということです。そして会社というのは「そのお客さんを幸せにするために存在する同目的の集合体である」ということになります。

つまり人の幸福のために貢献することが、社会人、ビジネスマンにとっての第一の使命ということなのです。

このルールをしっかりと理解できる人ほど社会の中で価値を上げていくことになります。

人は価値を感じる場所に集まります。

「この店はお客さんが少ない。働いている人がかわいそうだから、この店で商品を買ってあげよう」

などというお客さんはほとんど存在しません。

逆にいくら行列ができて待たされるとわかっていても、人はその店から商品を買おうとします。

それは、

「こんなに行列ができるなんて、この店の商品には価値があるにちがいない」

つまりは、

「**この店は自分を幸せにしてくれる**」

と思うからです。

○お客さんは誰もが幸せになりたい存在である

自分がお客さんの立場に立って考えてみるとすぐ理解できますが、お金を払う立場の人間というのはわがままなものです。

自分が幸せになりたい、自分の問題を解決したい、と願うから商品を買うのです。

売っているあなたが幸せであるかどうかは、お客さんや社会にとって最優先事項ではありません。

それどころか、「そんなことは知りません」というのが正直な気持ちなのです。

その理屈で考えたとき、社会人である僕たちがまず考えるべきことは、

「どうすればこちらからお客さんに価値を提供することができるのか？」

ということになるのは簡単にご理解いただけると思います。

◦必要とされる人の考え方

これを大前提に考えていくと、答えはすぐに出ます。


「まずは自分が人のお役に立つ」

「自分はお客さんに喜ばれるためにいる」

「会社で必要とされる人になる」


そう思っている人がいちばん先に結果を出すということは明白です。

そしてその姿勢を人が認めてくれたとき、

「あなたから買いたい」

「あなたに仕事を頼みたい」

と、まわりの人たちからどんどん必要とされるようになります。

結果としてあなたのポジションや仕事の業績が上がり、所得が増えていくということになります。


このように社会に出ると、人に幸せを与えれば与える人ほど、その数に比例してどんどん自分が幸せになっていきます。

世の中は一見複雑なように見えますが、その視点で考えると、とてもシンプルなルールでできているのです。

06

自分の幸せが先か、人の幸せが先か

ビジネスの基本は「人の幸せ」を先に置くこと

「まずは自分が幸せじゃなかったら、人を幸せにすることなんてできない」
最近、この言葉をよく聞きます。そしていまの世の中では、この言葉がいろんな場所で最善であるかのように語られます。

自分の幸せが先か、それとも人の幸せが先か。

僕もこの疑問をずっと持ち続けてきました。

確かに人生という長いスパンで考えてみると、自分もまわりの人も、すべてが幸せでいるためには、まずは自分が幸福を感じる状態をつくっていくことはとても大切なことである、ということはまちがいありません。

しかし、ことビジネスにおいては、「まずは人の幸せが先」という考え方で進めていったほうが賢明ですし、そう考えることができる人のほうがうまくいく、といま僕は考えています。

◦与えることからすべては始まる

それはなぜなのか？

これは自分ごとに当てはめて考えてみると、その理屈が簡単に理解できるようになっています。

例えば、あなたが飲食店に行ったとしましょう。席に座って生ビールを注文したときに、店主から仏頂面で突然こう言われたとします。

「お客さん、今日、俺、機嫌悪いんだよね。だからまずは俺を幸せにしてくれるかな？　そうしたらおいしい生ビールを君に届けるよ」

どうでしょうか？　おそらく、驚き、気分を害するでしょう。

その店には二度と足を運ばなくなるのではないでしょうか。

もうひとつ例を出してみましょう。

あなたが部下に仕事で指示を出したとき、その部下がこう言ったとします。

「すみません、課長。恋人と喧嘩して、今日気分最悪なんで、他の人に頼んでもらっていいですか？　それと、こんな給料じゃやってられないんで、あと2万円ベースアップしてくれたらちゃんと仕事をします」

このふたつの例は「まずは自分を幸せにしてください。そうすればあなたを幸せにしますよ」と言っていることと同じことになります。

これでは社会はうまくまわりません。

多少極端な例になりましたが、この例からそう遠くないことが最近の世の中ではたくさん起きているのです。

07

世の中はたくさんのフォーユーでできている

○いまの快適さは、誰かのフォーユーがつくってくれたもの

魚にとって水の存在が当たり前であるように、僕たち人間も、身近にある幸せには気づきにくいものです。

しかし、僕たちは、実はたくさんのフォーユーが生み出したものに囲まれています。

試しにいま、あなた自身のまわりにあるものを見渡してみてください。

携帯電話、エアコン、パソコン、プリンター、机、椅子、洋服、ペットボトルに

入った飲み物。

もっと大きく見渡せば、僕たちが何気なく使っている道路や電車、公共機関も日に日に進化していることにも気づくことができます。

ではこの商品をつくった人たちは、何を考えてきたのかに思いを馳せてみてください。

「どうすればこの商品を使う人が、もっと幸せになるのか？」

原点はすべてこの考え方、つまりフォーユーなのです。

もっともっとよいものを届けよう。

多くの人に行き渡るように、できる限り価格を下げて、買いやすいものにしよう。

すべては使う人の便利さや、快適さ、コスパの高さというものを真剣に考えた人たちが生み出したものです。

当たり前すぎて忘れがちになりますが、目には見えない多くの人たちのフォーユーのおかげで、僕たちの生活は大きく便利になっているのです。

競争ではなく、フォーユーの文化で栄えた日本という国

ビジネスは、ともすれば「どちらの製品が上か」という比べ合いで伸びてきたとする、競争戦略の側面ばかりがフォーカスされがちになります。もちろん、いい商品を世の中に提供する側が繁栄し、商品力で劣る側は衰退していくという部分は否めません。

しかし、進化のいちばん根本を支えているのは「使う人の幸福のために」というフォーユーの気持ちなのです。

特に日本は四方を海に囲まれた島国なので、競争というものがそれほど身近ではありませんでした。

しかし、テレビやインターネットが発達し、世界というものが見渡せるようになった現代においても、「日本の製品は質がいい」というのは、世界の共通認識です。

この信頼性は、「使う人によいものを」と常に考え抜いてきた、日本人のつくり手の細やかなフォーユーの心が生み出した産物です。

僕たちは気づかぬうちに、大きなフォーユーの恩恵を受けながら生きています。

フォーユーは決して遠くにある理想論ではなく、僕たちの身近な部分にある当たり前のものなのです。

08

想像を「少しでも」超えたときから感動は生まれ始める

●感動は幸福のバロメーターである

心を動かす感動は、僕たちの心を幸せにしてくれます。

人生の中で、どれだけ感動という衝撃に出会えるのか、これは幸福のバロメーターと呼んでもいいでしょう。

誰かから愛をもらった。

誰かに愛を届けることができた。

感動というものは、どちらの立場でも僕たちを幸せにしてくれます。

ではこの感動というのはどんなときに起きるのでしょうか?

シンプルにお伝えします。

感動が生まれる瞬間、それは「期待値を超えたとき」です。

どんな人も、それまでの経験値を基準にして、「だいたいこんなものだろうな」というある程度の想定を持ちます。

例えば、仕事で出会った取引先の人

なんとなく気になって入った飲食店

誘われて仕方なく参加したコミュニティのイベント

新しく入ってきた新入社員

本屋でタイトルが気になって買ってみた本

人に勧められて見た映画

こうした新しい存在に出会うときも、人はそれまでの似た経験をもとにおおよそのレベル感を想像します。

その想像通りのレベルだったときは、特に印象には残りません。

逆に想像をはるかに下回るとがっかりします。

では感動は？　もうおわかりでしょう。

その期待値を超えたときに生まれるものなのです。

○「普通はこうだよね」を予測する

「感動を与えたい」

「喜んでもらいたい」

もしあなたがそう思って何かにのぞむときに、まずいちばん大切なこと。

それは、

相手の期待値をあらかじめ想定する

ということです。ここが見えているかどうかで、あなたが相手に与える結果は大きく変わることになります。


ではその期待値はどうすれば見えてくるのか？

それはまず「普通はこうだよね」というラインを、想定しておくことです。

例えばあなたが美容師であれば、ふだんお客さんがよその美容室で受けているサービス。

飲食店であれば、平均価格やその味付け、接客態度。

こうしたサービスの平均値を知ることで、おおよその人の期待値が見えてきます。
それを知った上で、それ以上のものを提供すればいいのです。

まずは「期待の少し上」から始めよう

感動というと、多くの人は予想をはるかに裏切る大きなことをしようとしたり、途方もない労力がかかることをやらなければ、と考えてしまいがちになります。
しかし、僕があなたにお伝えしたいことは「期待値の少し上」です。

まずは相手の期待値を少し上回る、小さな感動を積み重ねていきましょう。
そのほうが、後に、大きな感動を生み出すことにつながります。

もちろん期待値とのギャップは、大きければ大きいほど口コミは起きやすくなります。
しかし、まずはじめに大切なのは続けることです。
小さな感動を継続的に積み重ねている人やお店はそう多くはありません。
少ないからこそ、希少性が増し、あなたは特別な存在になります。
「常に少しだけ期待以上」
そこを目指して行動する姿勢こそが、まずは何よりも大切なことなのです。

09

いい意味で想定を裏切ろう

。人の想定あるある

人の期待値や想定値。

これを思いつく限り具体的に考えてみましょう。

あくまで僕自身の経験と主観に基づいたものになりますが、おおよそ「あ、それあるな」と思っていただけることにできるかぎり近づけていきたいと思います。

まずは新入社員や入社3年目くらいの人の普通から考えてみましょう。

学生から社会人になるときは、大きな環境の変化と若さゆえ、心が不安定になることも少なくありません。

実際に新社会人をリサーチすると、9割近くの人が、「この会社に骨を埋めるつもりはない」と回答するそうです。

特にいまの時代は、ちょっとでも指導が厳しいものであったとき、パワハラやモラハラと言われやすくなりました。

例えば仕事で注意をしたとき、多くの上司が「ふてくされるだろう」「ヘコむかな」「これで辞めちゃったらどうしよう」と不安を抱えます。

ですから想定する平均的な反応とすれば、その不安通り「ふてくされる」「ヘコむ」「退職する」ということになります。

ではその想定を超える人はどうするのか？

その指導をしっかりと受け止めて、自分の糧にするということです。

もしこれに「注意してくださってありがとうございます」という感謝を添えることができれば、想定をはるかに上回ることになり、上司から「見込みのある子だな」と感動されるでしょう。

では逆に上の立場の人に対する一般的な見方はどうでしょう？

普通の想定で言えば、

「上司や経営者、先輩といった社会的ポジションを持った人というのは、多くの場合、いばったり、自分たちを下に見るものだ」

という思い込みがあります。

そんな想定を持っている部下がミスをしたとき、壁にぶち当たったとき、上から厳しいことを言うのではなく、ともに考えて励ましてくれる上司がいたとしたら？

いばることなく、人として大切にしてくれたとしたら？

忙しい中でも、自分の質問に対して即座にメールを返してくれたら？

当然、期待値を上回り、「この人のためにがんばろう」「こんな人になりたい」と下の立場の人から尊敬されるようになります。


寒い日に、何気なくご飯を食べにきたお客さんの普通の想定は、「そこそこお腹を満たしてくれるものを出してくれればいいな」というくらいのものでしょう。

そんなお客さんが、とても元気な店員さんから、「ご来店ありがとうございます。寒いのでぜひ使ってください」と笑顔でブランケットを渡され、料理も想定よりおいしく、店を出るときに温かいホッカイロをプレゼントされたら？

当然その店は、お客さんの記憶に残ることになります。

いつもテレビで見かける有名人が、飲み会の席で突然目の前に現れたら？

「こんな人が自分を相手にしてくれるわけがない」

と普通はそう考えるでしょう。

ところがその人がものすごく気さくな人で、緊張している自分に対して優しく声をかけてくれたとしたら？

「こんないい人だったなんて！　有名なのにこんなに気遣ってくれるなんて」

と一気にファンになるでしょう。

○誰でもできるのに、ほとんどの人がやらないこと

わかりやすい例を４つ挙げてみました。

しかし、この人たちがやったことは、そんなに難しいことではありません。

・ふてくされない
・感謝を伝える
・上から目線にならない
・すぐに返信する
・笑顔でお客さんを迎え入れる
・おいしい料理をつくるために研究を重ねる
・ホッカイロを渡す
・相手の緊張をやわらげる心遣いをする

本来その気になれば、それほど努力することなく、誰にでもできることです。

しかし、それをやる人が少ないからこそ、簡単に想定を超えることができ、相手は感動してくれます。

多くの人が見落としがちになっていることをするだけで、感動は生まれるのです。

10

「自分には無理」そう思っている人こそが、感動の主人公になる

◦期待値が低いほど感動は生まれやすくなる

「感動か。自分には特に人に誇れるものもないし、すべてが平均以下だから無理だな」

もしいま、あなたがそう考えていたとしたら、あきらめるのはとてももったいないことです。なぜならば、いまの状態は、あなたが大きな感動を生み出す可能性を持っているということだからです。

感動は振れ幅に比例して大きくなる、という特性を持っています。

もともと幸せだった人が、もうちょっとだけ幸せになっても感動という視点から見ると、大きな衝撃を与えることにはなりません。

もともと優等生だった人がさらにいい点数を取ったり、もともと優しい人がさらに人に親切にしたとしても、大きな感動は生まれません。

なぜなら、もともと優秀な人が優秀なことをするのは、当たり前のことだからです。

逆に、もともとうまくいっていない人が、何かのきっかけで奇跡を起こしたとき、物語はドラマチックになります。

つまり、もしいまあなたが底辺にいるとしたら、その分だけ、大きく人を感動させることができるということなのです。

失敗は感動の始まり

人は成功談より、うまくいった人の失敗談を求めます。

「逆境の中から、どうやって立ち直ったのか？」という部分に感動が隠されているのです。

多くの感動は「もうダメだ」と思ったときから始まります。

そう考えたとき、いまあなたが自分に自信がなかったり、何かで失敗して傷ついているとしたら、それは後の誰かに「自分はこうしてうまくいったよ」と伝えるための物語の序章なのです。

あきらめず、「自分は大きなチャンスを手にしているのだ」と考えてください。

第2章

感動だけが人を動かす

11

「やりたいことがわからない」それはダメなことなのか？

● なぜ、夢を持てないことで劣等感を覚えてしまうのか？

質問します。
あなたには明確な夢はありますか？
もしくは、何かやりたいことはありますか？
こう聞くと、多くの人が自信がなさそうに首を横に振ります。
「あります」とすぐさま答えられる人は客観的に読んでください。
「夢とかやりたいことを聞かれると明確に答えることができない……」

そんな人に向けてここからは書きます。

夢ややりたいことがわからない。

そんなとき、自分はダメな人間だと思ってしまうこともあるでしょう。

なぜなら僕たちは、「夢を持って進むことこそが、成功へのたったひとつの道である」と思い込まされているからです。

しかし、実際にこの質問に対して明確に答えられる人は、10人のうち1人いるかいないかくらいのものです。

にもかかわらず、いろんな番組や特集などでは、「夢を持ち、それを叶えた人」のみにフォーカスされます。

それはなぜなのか？

夢を持ち、追いかけている人が絵になりやすいからです。

そして、そのキラキラした姿を目にした夢を持てない人たちが「やっぱり自分はダメなんだ」と思い込んでしまうのです。

●夢の通りに成功した人は意外と少ない

では明確にやりたいことを持っていない人はうまくいかないのか、というと、意外とそうでもありません。

僕は経営のサポートや出版支援という仕事上、たくさんの経営者やいろんな分野で結果を出している人たちにお会いします。

その中には、大きな成功を手にしている人もたくさんいます。

そうした人たちに取材してきて気がついたことですが、「明確な夢を持ち、それを実現した」という人は驚くことに、ほとんどいません。

どちらかというと

「目の前のことを一生懸命やっていたら、気がついたらここにたどり着いていた」

もしくは

「夢と思ってそれを追いかけていたら、いつの間にか導かれるようにまったく違う道に進んでいた」

という人がほとんどなのです。

○チャンスはどこからやってくるのか？

ただ、そうしたなりゆきでうまくいっている人たちには、ひとつの共通点があります。

それは、「チャンスを人が与えてくれている」ということです。

目の前にある仕事を期待以上に返していくと、人は感動します。

そして人は感動すると、その人をまわりの人に紹介したくなります。

「どうせならあの人から買おう」

「せっかくのいい話だから、あの人に持っていこう」

となります。

多くの成功者たちは、頼まれごとを期待以上に返していくたびに、思いもよらない大きなチャンスを手にしているのです。

12

あなたは夢型？
それとも展開型？

。夢がなくても道は開ける

人の成功パターンにはふたつの道があります。

まずひとつ目が、はっきりした目標を立て、計画的にひとつずつ進み、思い描いたゴールにたどり着くという方法。

僕は、これを「夢型成功」と呼んでいます。

これに対して、特にゴールは決めず、目の前にある仕事、目の前にある人を大切にしていくことで感動を起こしながら、頼まれごとを期待以上に返していくたびに、思いもよらない素敵な世界に導かれていく方法。

これを「展開型成功」と呼んでいます。

そして実は、成功者と呼ばれる多くの人たちは、後者の展開型で成功を手にしているのです。

展開型は、将来ではなく、いま、目の前にあることに集中し、「どうすれば期待を超えることができるのか？　どうすればこの人が喜んでくれるのか？」を考えながら物事に取り組んでいくということ。

つまり、この進み方の場合、フォーユーが必須要素になります。

講演やコンサルティングの場、もしくは著書を通して、僕はこちらの展開型の話をたくさんの人にお伝えしてきました。
するとその多くの人たちが、

「安心しました。夢が持てないことに劣等感を持っていたので。僕も展開型の生き方がいいです」

と鱗が落ちた新鮮な目で進み始め、素晴らしい結果を手にしていきます。
目の前の人の感動こそが道を開いていくのです。

13

気がついたら、ここにいた

僕がダイニングレストランをつくった理由

僕自身もそうでした。

26歳でたこ焼き屋を始めるまでは、ただ一筋にその夢を追いかけてきました。

しかし、実際に経営を始めてみると、その先をまったく描いていなかったせいか、夢や、自分のやりたいことが見えなくなってしまいました。

夢セミナーに通ったりもしましたが、心の底から「これがやりたい」というものには出会うことができませんでした。

目の前が見えず、暗闇の中にいるような気分になったことも一度や二度ではありません。

そんな中、出会った師匠や先輩経営者が僕にこの展開型の生き方を教えてくれました。

そして実際、その方々も、特に「夢を持て」というタイプというより、「目の前の人に喜んでもらえば必ず道は開ける」と考える人ばかりだったことも、いま振り返ると幸運だったなと思います。

「とりあえず、いまは無理に夢を持とうとするのをやめて、まずはいちばん近くにいる人たちが喜んでくれることを考えよう」

その当時、僕のいちばん近くにいる存在、それはスタッフたちでした。

まずは彼らが求めていることをリサーチすることから始めようと決めたのです。

たこ焼きの行商は、遠隔地に行くため、1週間や2週間は地元に帰ることができません。そんな彼らがまずはじめに挙げた要望、それは「家から通える仕事がしたい」ということでした。

彼らの願いを叶えるために立てた、たこ焼き屋の中津本店計画。

それが僕の運命を大きく開いてくれることになる、1、2階150席の「ダイニング陽なた家」をつくることになったきっかけだったのです。

○行き当たりばったりの、なりゆき型経営

たこ焼き以外、つくったことがなかったスタッフたちで始めたダイニング。

当然ですが、最初の頃は料理の腕はありません。すべて見様見真似でした。

オープン前のレセプションの席で
「どうやったらきてくれた人たちが喜んでくれるかな?」

それを考えていくうちに、たまたまスタッフの誕生日をサプライズで祝ったバー

スデーイベントが、まさかの客席を巻き込んでの大感動。

それを見てくれたお客さんが「今度、私の友達がバースデーなので、ぜひ予約を入れさせてください」とオープン前から予約がたくさん入ったことで、

「バースデーお祝いをするたこ焼きダイニング」

という謎の業態になりました。

そのバースデーイベントは、見た人がその場で予約を入れてくれるという流れが主流となり、どんどん口コミで広がっていきました。

オープンして5年後には、年間で3000件の予約が入るようになり、全国からお客さんがきてくれるようになりました。

くる日もくる日もお客さんのお祝いをしていくうちに、やがてお客さんから「陽なた家でウエディングをしたい！」と依頼を受け、またまた見様見真似でウエディングを決行。

するとまた口コミが起き、土日は2階のダイニングがウエディングの予約でいっぱいになりました。

こうしてウエディングの回数を重ねていたある日、新婦のおじさんがたまたま東京の出版社の編集長をされている方で、ウエディング後、

「この店のスタッフたちに感動した。君、本を書いてみないか?」

と声をかけられたことが出版に入ったきっかけです。

いろんな方に応援していただいたおかげで、最初に出した本が売れ、出版のオファーがくるようになり、同時に講演の依頼も増えました。

講演で出会った人たちがお店にきてくれるようになり、僕の仕事は飲食店経営、講演、出版という3本柱になりました。

これがいまから7年前までの流れです。

こうやって書いてみるとあらためて思うのですが、

「これをやろう！」と自分で決めて始めたことはひとつもありません。

「どうすれば目の前の人が笑顔になってくれるかな？」

ただそれだけを考えて仕事をしていたら、頼まれごとが増え、その人たちに導かれたことで、結果として事業が広がっていったのです。

14 感動は非効率の中にある

◦効率から感動は生まれない

僕の人生を大きく広げてくれることになったバースデーイベント。

実はこのイベントを陽なた家でやるということを、最初はまったく考えていませんでした。

オープン前のレセプションの日に誕生日だったスタッフがいたので、たまたまアドリブでやってみただけだったのです。

しかし、そのイベントをするためには、厨房、ホールのスタッフたちが、すべての仕事を止めなくてはなりません。

準備も合わせて前後10分は料理の提供ができなくなってしまいます。

これはどう考えても効率が悪い。

レセプション客の思わぬ感動で予約が殺到したことで、一度はその予約を受けてはみましたが、

「通常営業ではできないからやっぱり断ろう。でもどうやって断ればいいかな」

と考えていました。

ちょうどそのとき、「このバースデーイベントは絶対にやったほうがいい」と強く言ったのが、僕の母でした。

「みんながあれだけ喜んでくれたのに、なんで断るの？」

「だってどう考えても手間がかかるし、効率が悪いから」

「だからいいんじゃない」

「なにが？　母さん簡単に言うけど、やるほうは大変なんだよ。こんな手間のかかることと、どこの店もやってないよ」

「いや、絶対やるべきよ。私ならやる」

このあとに母が言った言葉が、僕の運命を変えることになるとはそのときはまったく想像もできず、僕はただ聞いていました。

「あのね、『私のためにここまでしてくれた』っていう思いに人って心を動かされるのよ。いいじゃない。どこもやってないならなおさら素敵なことよ。感動って、非効率で手間がかかることの中からしか生まれないのよ」

夢見る夢子の夢工房

非効率なことが感動を生む。

母のこの言葉を一概に否定できなかったのには理由があります。

それは母自身が、非効率なことばかりをやりながら商売を大きくした実業家だったからです。

母は僕が小学生のときに、地元である大分県中津市の新博多町商店街で、『夢工房』という8坪のギフト屋を始めました。

その店の2階が家だったので、僕は母が営む商売の環境の中で育ちました。

家の入り口が店を通過しないと上がれないので、いやでも商売を目にすることになります。

しかし子どもの目から見ても、簡単にわかるくらい商売が当たり、母のギフト屋は、あっという間に大きくなり、店を始めて5年後には、150坪の大型ギフトショップになりました。

母は夜の7時に店を閉めて、僕たちのご飯を簡単につくってまた店に降りる、それが日常でした。

そして夜中まで、ディスプレイを変えたり、お客さんから頼まれたギフトを、手間をかけて凝ったラッピングをしていました。

　ある日、とてつもない装飾をほどこしたラッピングをしている母に、僕は聞きました。


「母さん、このラッピングってどうせ本人に渡したらすぐ破られるよね」

「うん、そうだね」

　僕の質問を軽く流しながら、母はラッピングを続けました。

「どうせすぐ破られるのに、なんでそこまで手をかけるの？」

　作業の手を止めて、僕のほうを向いて言いました。

「茂久、こっちに座りなさい」

　母の作業台の前に座った僕に、母は話し始めました。

「あのね、プレゼントってね、渡す人にとっても、渡される人にとってもとても大切な瞬間なの。わかる？」

「うん、なんとなく」

「渡す人は、渡したときの相手の喜ぶ顔が楽しみだし、渡される人もただの包みに入れられたものより、綺麗にラッピングされたほうが嬉しいよね」

「そんなものかな。よくわかんないや」

「いまはわからなくていいよ。でもね、こうして渡す人と、渡される人の喜ぶ顔を想像しながら仕事ができるって本当に楽しいよ。だから私は思いを込めてラッピングしてるの」

「さすが夢見る夢子さん」

「うるさいよ。だから邪魔しないで」

夢工房。この店の名前は、父の「君は夢見る夢子さんだから夢工房にしたら?」という一言で決まったそうです。

「閉店後にわざわざ手間をかけてラッピングするなんて、なんて非効率なんだ」

僕はいつもそう思っていました。

しかし、そのラッピングが口コミを呼び、母の店がどんどん大きくなっていった姿を目の当たりにしていたため、母の言葉というのは、僕にとって、どこか説得力があるものだったのです。

○いつの時代も「心を喜ばすのは心」である

「感動は非効率の中から生まれる」

あのとき、母が僕にこの言葉を言ってくれなかったら、おそらく僕はバースデーイベントをしませんでした。

そしてもし、そのバースデーをやっていなかったら、陽なた家がここまで口コミを呼ぶことはなかったでしょう。

結果として、僕の運命も大きく変わっていたと思います。

あなた自身がフォーユーを受ける側で考えてみてください。

例えば遠く離れた場所にいるあなたの恋人が、郵送すれば済む贈り物を、わざわざ自分の足で届けにきてくれたら？

自分をお祝いするために、何日も時間をかけて手づくりのパーティーを催してくれたら？

いまの時代、メールで済むお礼状を、綺麗な景色が入った絵葉書に直筆のメッセージを添えて送ってきてくれたら？

人はその行為だけでなく、その行為にかけた手間に愛を感じます。

いつの時代も心を喜ばせるのは心なのです。

15

感動のリレーが紡いでくれた運命の出会い

◦いちばん初めに感動してもらうべき存在は誰なのか？

「そうか、ではお客さんが感動してくれればいいんだ。まずはそこが第一なんだ」

ここまで読んでくださったあなたはそう思うかもしれません。

しかし、実はもっと手前の存在がいます。

その人たちの感動なしに、お客さんの継続的な感動は生まれません。


その存在、それはあなたとともに働いている仲間たちです。

どんな仕事も長丁場ですし、チーム戦です。

いくら一人で感動を追求しようとしても、身近で働いている人がやりがいを持って一緒に感動を追求してくれなければ、あなたはやがて力尽きてしまうことになります。

いま思うことがあります。それは感動は自分を拠点として、身近なところから波紋状に広がっていくものであるということです。

お金でなく、人のご縁ででっかく生きろ!

2005年、僕は人生の師である斎藤《さいとう》一人《ひとり》さんという大実業家との出会いをいただき、そのおかげでいまがあります。

その当時、くる日もくる日もバースデーイベントやウエディングに明け暮れていたある日、僕たちの店を応援してくれている藤本輝雅《ふじもとてるまさ》さんという、地元中津の大きな米屋の社長さんから、1冊の本を渡されました。ちなみにふだん僕は「テル社長」と呼んでいますので、ここからは、そう書かせていただきます。

それは三重県の伊勢市で感動ウエディングの事業を手掛けている、中村文昭《なかむらふみあき》さんという方が書いた『お金でなく、人のご縁ででっかく生きろ!』(サンマーク出版)という本でした。

その本に感動した僕は、ありとあらゆる手を使って、中村さんの携帯番号をゲットし、電話で無理やりお願いをして会いに行きました。

そのときに連れて行かれたのは大分県佐伯市《さいきし》という場所でした。

たまたまですが、その佐伯市という場所は、たこ焼きの行商をしていたときに何度も通っていたところで、肥川《ひかわ》家のみなさんも、僕たちのたこ焼き屋の存在を知ってくれていました。

こうして、中村さんからのご縁が紡ぎ合わさり、肥川家のみなさんに可愛がっていただけるようになりました。

○出張バースデーをしよう！

「しげ、お前の店、バースデーのイベントがすごいらしいな。人から聞いた」

肥川家に通うようになってから1年後、中村さんから一本の電話がありました。

「わ、ありがとうございます」

「お前の店って出張でバースデーイベントすることってできるか？」

「要望は多くはないですけどできます。何かありました？」

「いや、あのな、こんどの7月5日、まりちゃんの誕生日なんや。もしお前のところの店が出張が可能なら、サプライズバースデーどうかなと思ってよ」

「喜んで」


そのまりちゃんは、肥川家の奥さんの妹さんで、行くたびに僕たちにおいしい料理を食べさせてくれている人。

もちろん日頃の恩返しも含めて即決でした。

せっかくなら派手にやりたい。

その思いから店を休み、スタッフと、おもしろがってついてきたテル社長をはじめとする常連さんたちが40人、そして中村さんのファンの人たちが30人、合計で70人が肥川家に集まるという大規模なものになりました。

主役のまりちゃんは中村さんの講演に同行し、誕生日を迎える7月5日の午前0時に家に戻ってくるという予定だったので、前日から、僕たちは肥川家をパーティー会場にセッティング。

帰ってきていきなりトランペットから始まり、いつものバースデーイベントを決行。

まりちゃんは涙でぐちゃぐちゃになりました。

そこから朝までぶっ続けで大騒ぎ。芸達者な人たちばかりを連れて行ったので、余興がひっきりなしに行われました。

中村さんは、

「しげ、お前のところ、ほんとにいいスタッフたちがいるな。彼らのがんばりと気遣いに感動したわ」

と褒めてくれました。

日本でいちばん厚かましいたこ焼き軍団

朝10時。ほとんどの人たちが力尽き、スタッフたちと後片付けを終え、「さあ、中津に帰って寝よう」と帰り支度をしていたときのこと。

中村さんの本をくれた、ご縁の神様であるテル社長が僕のところにきて言いました。

「おつかれさま。よくがんばったな。ところでお前らこのあとの予定は？」

「もちろん帰って寝ます」

「いや、このあとお前たちを連れて行く場所がある」

ニヤッとしながらテル社長が、そう言いました。

「いやいや、テル社長、もうきついです。さすがに帰ります」

「いや、もう申し込んだから行くしかない」

こうして無理やりに、僕とスタッフたちは大分市内に連れて行かれたのでした。眠気とパーティーの余韻で僕たちはナチュラルハイ。半ばやけくそでした。

こうして連れて行かれたのが斎藤一人師匠の講演会。それが僕にとっての人生の師との、はじめての出会いでした。

「ここまできたら日本一の大実業家に、僕たちの店にきてもらおう」

講演会後、しつこくお願いしたことで、根負けした一人師匠が僕たちの店、陽なた家にきてくれたのです。

16

いま、あなたの目の前にいる人が運命の扉の鍵を持っている

○日本一の大実業家の心を動かした存在

このときのご縁から、月に一回、東京に通い、一人師匠にマンツーマンで生き方、働き方、考え方、そして出版や講演のノウハウを教えていただけるようになりました。そのおかげで、いま、僕はこうして本を書くことができています。

ある日の講義のとき、ふと僕は師匠に聞いたことがあります。

「師匠、なんで僕にいろんなことを教えようと思ってくれたんですか？」

「あー、それはな、お前のところのスタッフたちに感動したからだよ」

「スタッフですか？」

「そう。はじめて出会ってお前の店に行ったとき、楽しそうに働いているあの若い子たちを見て感動したからだよ」

意外でした。正直、それを聞くまでは、僕の熱意が師匠を動かしたと思っていたからです。

「若い子たちがなかなか働くことに興味を示さないいまの世の中で、彼らにこんな顔をさせる経営者がいることが嬉しくなってな。だからお前にいろいろ教えようと思ったんだよ。やっぱりスタッフたちが感動してないと、お客さんは感動しないからな」

この言葉を聞いて振り返ったとき、先ほどお伝えした「感動は身近なところから波紋状に広がる」ということに気づいたのです。

ファミリーになれたからこそ広がった道

よくよく考えてみると、テル社長は
「お前の店はみんな粗削りだけど、スタッフたちが気持ちいい」

と応援してくれるようになりました。

だから僕に中村さんの本をくれたのです。

そしてそのご縁で出会った中村さんも、パーティーでスタッフたちを褒めてくれました。

そして極めつけは、日本一の大実業家である斎藤一人師匠の心を動かしたのもスタッフたちでした。

行き当たりばったりの新米経営者ではありましたが、全力でスタッフたちの幸せだけは考えてきました。

その気持ちが伝わったのか、経営者とスタッフという関係を飛び越して、陽なた家のメンバーたちは自分たちのことをファミリーと表現するようになりました。

ひとつ屋根の下、泣いたり笑ったり。たくさんの感動が生まれました。

もしスタッフたちを大切にしていなかったら、間違いなくその感動は生まれませんでした。そしてその感動がなければ、おそらくここに登場してくれた大先輩たちの心は動かなかったでしょう。

不器用な経営者ではありましたが、「ついてきてくれたファミリーたちのために」という思いだけは、かろうじて持っていたからこそ、開けた道だと言えます。

目の前の人を大切にする。あなたの人生の扉を開く鍵は、いま、すでにあなたのまわりにいてくれる人たちが持っているのです。

17

実はみんなが自分商店の経営者である

自分のお客さんは見えていますか？

質問します。

あなたにとってのお客さんは誰ですか？

もし、あなたがパン屋さんで働いているとしたら、おそらく「きてくれるお客さん」と答えるでしょう。

働く先の取引相手が企業だったとしたら、取引先の名前を答えるでしょう。

僕もスタッフたちに「俺たちのお客さんは、陽なた家にきてくれるお客さんだ」といつも言っていました。

一人師匠にいろんなことを教えてもらえるようになったある日、九州方面を旅行していた一人師匠がふらっとうちの店に遊びにきてくれました。

その頃僕は講演の仕事が増え、残念ながらその日、お店にいませんでした。

一人師匠は僕だけでなく、うちのスタッフたちもとても可愛がってくれ、みな、一人師匠のことが大好きでした。

そのときにこんなやりとりになったそうです。

僕の会社では、滅多に聞けない話を聞くときは、ＩＣレコーダーで録音することが常識となっていました（もちろん話してくれる人には事前に許可はとります）。後に、そのときのやりとりを聞く機会がありました。

あなたに直接お金をくれる人は誰？

「みんな、よくがんばってるな。つらいことはないかい？」

一人師匠が聞くと、スタッフの一人がこう答えました。

「最近、しげにい（僕はスタッフたちからこう呼ばれています）が現場にいないのが寂しいです。なんかテンションが下がっちゃって」

すると、一人師匠はみんなにこう質問しました。

「そうか。じゃあ質問しよう。みんなにとってのお客さんは誰かな？」

「もちろんお店にきてくれるお客さんたちです」

「ううん、違う」

「え？　違うんですか？」

みんな声を揃えて驚いていました。

「みんなに給料をくれる人は誰だい？」

「えっと、しげにいです」

「だよな。自分に直接お金をくれる人をお客さんと考えると、しげがみんなのお客さんってことになるよな」

「そう言われればたしかに……」

「あのね、ちょっと目線を変えてよく聞くんだよ。みんなはいまのところ、しげに雇われているよな」

「はい」

「でもな、そうじゃなくて、自分の労働を売っていると考えてみると、みんな商人だってことになるよな。自分商店。そのみんなのがんばりにお金を払ってくれているお客さんは、社長であるしげってことになる」

「おおおーーー、なるほど」

ＩＣレコーダーで、そのやりとりを聞きながら、素直に納得しているスタッフたちが可愛くて、僕は笑っていました。

◦部下には部下のカッコよさというものがある

ふだん言うことを聞かないヤンチャ坊主たちを、魔法のように一瞬で納得させせながら、一人師匠は続けました。

「そもそも、その社長一人を喜ばせることもできずに、たくさんやってくる店のお客さんを喜ばせようったって、それは無理なことだ」

「そう言われればそうですね」

「だからってね、なにも、しげに対してお世辞を言いなさいとか、媚を売れとか、そんなことを言ってるんじゃないよ。しげは俺のところに勉強にきてるとき、いつも

みんなの話を嬉しそうにするんだよ。

『スタッフたちが、がんばりながら成長する姿を見られることが本当に幸せです』ってね。まず第一のお客さんである社長がいちばん喜ぶことってのは、つまりみんながお客さんにフォーユーの気持ちで向き合ってる、その成長物語を見せることなんだよ。しげはそれにお金を払ってるの」

「なるほどー！」

そのやりとりの中で驚きだったのが、ICレコーダーの向こうでいちばん反応していたのが、ふだん、納得がいかないことにはテコでも動かない、僕の弟である幸《こう》士《じ》だったことでした。

「そう考えると、しげこそが、みんなの映画を最前列で見てる客ってことになる。確かに自分たちの大将が講演でいない日が増えてるのは寂しいことかもしれない」

「それはけっこう寂しいです」

「でもな、部下には部下の気概とかかっこよさってものがあるんだよ。

『しげにい、こっちは大丈夫なんで安心してくださいね。俺たちのことは心配せず、講演にきてくれた人に素敵な話をしてください』

その一言が言えるかどうか、それが部下のかっこよさだよな」

「なんかじーんときます」

「みんな男なんだからよ、ちょっとやせ我慢してでもかっこくらいつけないとな。まずは社長を誰よりも喜ばせること、それができる商人はいつか自分で店をつくっても必ず成功するよ」

◦そしてスタッフたちは一瞬で変わった

このやりとりを知らずに店に戻ったとき、スタッフたちの目の色が変わっていることに驚きました。

店に戻って端のテーブルに座っている僕に幸士が、

「にいちゃん、おつかれさま。ゆっくり休んでて」

とスッとお茶を出してきました。

「おいおい、何があった？　なんか気持ち悪いな」

「にいちゃん、俺たちスタッフのお客さんって誰か知ってる？」

「何言ってんだ？　そりゃきてくれるお客さんに決まってんだろ」

人差し指を立てて左右に振りながら言いました。

「チッチッチ。まだわかってないなあ。ふふふ」

幸士の質問の意図に気づいたのは、家に帰り、妻から一人師匠がきて話をしてくれた経緯を聞いたときでした。

僕が言うとおかしくなってしまうことを、さらっとサイドからわかりやすく伝えてくれた一人師匠の温かさに感動したのを、昨日のことのように思い出します。

18

「目の前の人を大切にする」ということを教えてくれた師匠の在り方

●普通じゃない優先順位

「目の前にいる人の幸せをとことん考えれば、必ずそこに感動が生まれる」
その言葉を一人師匠自ら見せてくれた出来事がありました。

いまから18年以上前、一人師匠からマンツーマン講義を受けていたときのことです。一人師匠の事務所に、誰もが一度は聞いたことがあるビッグネームの有名人から対談の申し込みの電話がきました。

その日程が運悪く、翌月、僕が講義の約束をいただいた時間とバッティングしていたのです。

「日にちをずらします」と言って僕はあわてて手帳を開きました。

すると一人師匠はなんの迷いもなく、僕を止め、すかさずこう言いました。

「ずらさなくていい。約束してたその日においで。その対談を受けるつもりはないから大丈夫だ。俺にとってはその対談よりお前に教えるほうが大事だから」

無名の若造の指導と、有名人との対談。普通ならどちらを選ぶかは明白です。

当時の僕だったら、まちがいなく後者を選んでいたと思います。

その気になれば、教え子に使う時間なんていくらでも調整できますから。

しかし一人師匠は僕を選んでくれました。

その電話の問い合わせに、なんのためらいもなくオファーを断ってくれたのです。

◦「こんな人になりたい」と思える感動をくれた人

「ちょっと配達があるのでその日時は無理なんです。申し訳ありません」

一連のやりとりのあと、事務のお姉さんが丁重に断っていました。

「あの、師匠、配達って……」

「いいからいいから、黙ってな」

そう言って僕を制止しました。

そもそも一人師匠は配達などしていません。これはもちろん断るための方便です。

僕としては申し訳ないやら、嬉しいやらで恐縮しきっていました。

そんな僕に一人師匠は、こう言いました。


「その有名人にしてみれば、対談相手はいくらでもいるから、わざわざ俺である必

要はないんだよ。でも、いまのお前には俺が必要だよな。それにお前みたいな若い子とこうやってワイワイやっているほうが楽しいしな。いつも遠くから、こうしてきてくれて、ありがとよ」

その言葉に不覚にも、僕は涙がこぼれてしまいました。
鳥肌が立つくらいにしびれました。
「僕もいつかこんな人になりたい」と本気で思いました。
目の前の人を大切にするという一人師匠の在り方。
僕は、あの瞬間の情景を生涯忘れることはないでしょう。

19

あえて新しい出会いを増やさないという生き方

◦斎藤一人さんがあまり人と会わない本当の理由

斎藤一人師匠は、自分の仕事の関係者以外、ほとんど人と会いません。

「あの、斎藤一人さんって本当に存在するんですか？」

と僕ですら何度も聞かれたことがあるくらい、人前に姿を現しません。

その理由を聞くと、一人師匠はこう答えました。


「あのな、俺、人に冷たくすることができないんだよ」

「それってどういうことですか？」

「会うと自分ができることを全力でやりたくなっちゃうの」

確かにそれはよくわかります。僕自身、師匠に拾っていただいてからというもの、「ここまで大切にしてくれるのか！」という驚きと感動の連続だったからです。

「でも師匠に会いたいっていう人はたくさんいますよ」

僕がそう言うと、一人師匠はこう続けました。

「ありがたいことだな。でもな、そうして出会いを広げると、どうしてもいま俺のそばにいてくれる人たちに対して、使える時間がなくなっちゃうだろ。俺は何もない頃からついてきてくれた人たちに、できる限りの時間を使えるようにしときたいんだよ。だから新しく出会いを広げないようにしてる」

この生き方も目から鱗でした。普通は一人師匠くらい有名になると、もっと人と会ったり、人脈を広げようとします。

事実、僕がいろんなことを教えていただいている間も、「斎藤一人さんと会いたい」という問い合わせが、いつも事務所にきていました。

○いまいる人を大切にするということ

いちばん驚いたのは、ふだんお客さんの対応をしている事務の人たちが外出していたときに、一人師匠の事務所に「斎藤一人さんはいますか？」と、ファンの人が会いにきたときのことです。

その人に対して、申し訳なさそうに「一人さんはいま出張中です」と本人が断っているのを見たのでした。

なぜそれができたのか？

それは一人師匠自身が、一切世の中に顔を出していないからです。

その人が、

「そうですか。ではまたいつか斎藤さんがいるときを狙って寄らせてもらいます」

と残念そうに帰ったあと、

「な、しげ。顔を知られてないから便利だろ？　さ、講義の続きをやろう」

と、何事もなかったかのように、講義を続けてくれました。


広くより深く。

この在り方は、人脈においても事業においても知名度においても、何かと規模を広げようとしがちな僕自身に、大きな驚きをくれました。

そして、一人師匠にいろんなことを教えていただくうちに、僕自身も広げる数の多さより、いま、目の前にいる人たちの感動の深さを意識するようになっていきました。

20

感動は数より質を目指したときに広がり始める

なぜ多くの人たちは規模を広げようとするのか？

人生は思ったより長いものです。その長い人生の中で、一瞬ではなく、できればその年齢ごとに感動が散りばめられると、振り返ったときに後悔のない人生を送ることができます。

ここでは「どうすれば感動が継続的に起き続けるのか？」ということをともに考えていきましょう。

感動には敵になるものがあります。それは「規模」です。規模が大きくなればなるほど、反比例して感動は薄くなります。

これをビジネスの観点から見てみましょう。

例えば、あなたがケーキ屋さんを経営しているとします。

心を込めてつくったショートケーキが大当たり。その味が口コミを呼び、毎日お店には大行列ができています。

こうなると、「並んでもらうのは申し訳ないし、もっとたくさんの人に届けたい」と思うようになります。

同時に、「店舗を増やせばもっと儲かる」という欲も出てきます。

そして、店舗展開という道に進みます。中には大チェーンを目指す人もいるかもしれません。

しかし、多くの場合、店舗展開をすることで「以前に比べて味が落ちた」というマイナスの口コミが起きてしまいます。

これはなぜなのか？　それはあなたの体がひとつしかないからです。

もし藤子・F・不二雄さんの『パーマン』に出てきたコピーロボットがあって、あなたと同じ人間が各店舗にいれば、このマイナスの口コミは防げるかもしれません。しかし、感動というのは、その起点になった人間から距離が離れれば離れるほど、薄くなっていきます。

店舗数を広げることで、スタッフの数は増え、経営は複雑になります。人が集まれば集まるほど、いろんな考え方が交じり合っていくからです。

それを防ぐために、多くの社長は、自分の考え方を共有しようと人材育成に頭を悩ませるようになります。

その結果、お客さんのことを考える時間が減ってしまい、それが原因となって、お客さんの心も離れていくのです。

これは流行った店が、「一時期、あの店はすごかったね」と言われ、廃れていくセオリーです。

◦「一人でも多く」より、「一人の感動を深く」を目指す

感動に敏感な経営者は、このセオリーをよく知っています。

では、その人たちはどうするのか？

答えは単純です。

すぐさま広げようとせず、すでにいま、お店に並んでくれている人の感動をもっと増やす努力を始めるのです。

例えば、ショートケーキのクリームの素材をもっといいものにする。

もっとおいしい苺を探す。

苺の数を増やす。

常連さんが得をするサービスを強化する。

こうして、いま、すでにいてくれるお客さんの感動レベルをもっと上げていくのです。

そうすることでプラスの口コミがさらに広がり、もっと行列が増えていきます。

特にいまの時代は便利です。わざわざ店をつくらなくても、ネット通販という方法もあります。

ネットで全国配送をするのであれば、その店のキッチンを少し拡大すれば、自分は店から離れずにすみますし、味をしっかりと確認することもできます。

いまの時代は残念ながら、経営者が思うほど、人は規模というものに興味や尊敬を抱かなくなってきました。

それより、お客さんのＳＮＳでのシェアの数や、口コミの数のほうに価値がシフトしてきました。
大きな投資をすることで得られるメリットは、以前より少なくなってきたのです。
大きくすることより、一人の感動を深める。
つまり
「大切なお客さんやスタッフたちの感動を守るために、あえて大きくしない」
という選択もあるのです。

○これからの時代の主役になるチームとは？

口コミは、一人に与える感動の量で起きるかどうかが決まります。
例えば、100人の人が1感動してくれたとしましょう。
これに対して一人の人が100感動してくれたとします。
感動の総量は同じです。

しかし、口コミを起こすのは後者のほうです。

「一人がたくさん感動してくれたって仕方ない」

そう思う人もいるかもしれません。

しかしもしその一人が、とんでもないフォロワー数を持つインフルエンサーだったとしたら？

そのときは、その人が営業マンになって、あなたからもらった感動が、何十万人に口コミで広がることになります。

そして、いまの時代は、そんなことが世の中のあちこちで起こっているのです。


このことをよく知っているからこそ、感動の達人はあえて買いやすくはしません。

「欲しい」という需要に対して「売ります」という供給の量を減らします。

そうなると、人は常に「並ばないと買えない」と行列をつくり続けます。

そして、それが買えたということもひとつの感動になるのです。

これからの時代は規模より感動です。

「どれだけの数の人が感動したか、より、一人の人にどれだけ大きな感動を与えることができるのか」が軸になります。

しかも時代の変化の速度がとんでもなく速くなり、今日流行ったものが、1年後には廃れてしまうことも往々にしてあります。

そのときに規模を追いかけすぎて、店や会社を大きくしすぎていると、変化に対応できなくなってしまうのです。

これからの時代、主役になっていくのは、効率化された大規模組織ではなく、一人に向けて、非効率を高め続ける小規模の感動チームです。

後者の道を選んだ人たちが人に感動を与え、みずからも長く感動を手にし続けるのです。

第3章

感動を生み出す人になるために

21

自分を犠牲にしてまで人から喜ばれなくてもいい

●フォーユーは義務ではない

フォーユー。目の前の人に喜んでもらう生き方をお伝えし始めてから、こんな質問をよくいただくようになりました。

「それって自己犠牲になるんじゃないですか?」というものです。

確かにフォーユーはふたつのケースに分かれます。

ひとつ目は、与えたものが返ってくることで、さらに自分自身が幸せになるケース。

そしてもうひとつは、自分がやればやるほど疲弊していくケースです。

では、なぜフォーユーが自己犠牲になってしまうのか、その原因を考えてみましょう。

まずひとつ目。それは、

フォーユーが義務になっている

ということです。

本来、大切な誰かが喜んでくれることは、とても嬉しいことです。しかし、それを「与えなければいけない」「フォーユーしなければ自分には価値がない」と思って行動すると、どうしてもそれは楽しいものではなくなってしまいます。

あくまで楽しんでやれる程度でいいのです。

○本当に好きな人に絞ってフォーユーをする

自己犠牲になるふたつ目の理由。それは、

「すべての人に同じように与えなければいけない」と考えてしまうこと

です。

人は、好きな人だからこそ喜んでほしいと自然と思う生き物です。「この人苦手だな」「あまり好きじゃないな」そう思う人に無理をして与えようとすると、どうしても苦しくなってしまいます。

また、あまり大切ではない人に、無理して与えたフォーユーを与えたがゆえに、相手に好かれてしまうと、あなたの時間と労力がその人に使われ、本来大切にしたい人への時間が奪われることになります。

社会人なので程度はありますが、やはりまずは、自分の大切な人限定で始めていいのです。

「それってえこひいきになるんじゃないか？」そう思うかもしれません。もちろんそうなりますし、それでいいのです。あなたが好きな人というのは、逆から見れば、あなたから好かれる理由を持っている人です。何らかの形で、あなたに何かを与えてくれているからこそ、あなたはその人を好きになったのです。

相手がくれた幸せを相手に返すことは、悪いことでもなんでもありません。胸を張ってその人を喜ばせてください。

○見返りを求めない

そして三つ目。それは、

できる限り見返りを求めない

ということです。

もちろん、誰もが感情を持っていますから、100パーセント見返りを求めずに、相手に尽くすことができる人などほとんどいません。

しかし、だからといって、見返りを期待しすぎると、逆にそれが返ってこなかったときにあなたは傷ついてしまいます。

本来、誰かに喜んでもらえるということは、その反応を見ることができた時点で、すでに幸せを感じることができています。

「喜ぶ顔が見れるだけでオッケー」

くらいに考えておきましょう。

不思議なもので、与え好きな人は、自分が出会う好きな人にいつもフォーユーをする習慣を持ち、またそれを楽しんでやっています。

ですから「あの人に与えたけど返ってこない」と、自分がしたことをいちいち覚えていません。

だからこそ、なおさら、人はその姿勢に感動します。

そして不思議なもので、自分が与えたことをすっかり忘れるような人に、なぜかお返しがくるものなのです。

22

与えたものはいつか必ず自分に返ってくる

●いくら与えても返ってこない場合はどう考える?

あくまで自発的に、自分の好きな人に、できる限り見返りを求めずに。

これが自己犠牲にならないフォーユーなのですが、中にはあなたが与えても与えても、ただもらうだけの人がときどき存在します。

そんなタイプの人には、いつまでもあなたが無理して与え続ける必要はありません。

普通、人は何かをもらったら、自分ができる範囲で相手に返そうとします。

もしそれをしないのであれば、それはよほど厚かましいか、もしくは幼児性が高いということになります。

そういう人への献身は、やがてあなたを疲弊させますし、相手にとってもあなたが単なる甘やかしてくれる人になってしまい、結果的に、その人をダメにしてしまう可能性もあります。

離れて見守ることがフォーユーになることだってあるのです。

◦続けると、それ以上に返す人と必ず出会う

ただ、ここでもうひとつ、つっこんであなたにお伝えします。

それは、たとえどんなに返ってこなかった経験が続いたとしても、フォーユーの

姿勢は崩さずに与え続けていただきたい

ということです。

なぜなのか？

人は与えることが習慣になっていくと、無意識に相手に対してフォーユーができるようになります。

呼吸をするように相手を思い、相手が喜ぶことができる「フォーユー力」が高まっていきます。

そんなあなたが、いつか同じフォーユーな気持ちを持った人に出会ったとき、その人は、あなたが与えた以上のものをあなたに返すでしょう。

ということは、相手に与えるフォーユー力が高ければ高いほど、あなたはそれ以上の幸せを相手からもらえる、ということになります。

大好きな人のために楽しんでやるフォーユーは本来嬉しいものです。

「人の喜ぶ顔を見ることが楽しくて嬉しくてたまらない」

そのマインドになっている人は、

「そこまで自分を犠牲にしなくていいよ」

とその行動を止められると

「いやいや、好きでやってますからほっといてください」

となります。

つまり、その人にとっては、フォーユーを止められることのほうが、よほど自己犠牲になるのです。

同じフォーユーでも義務としてやるのか、自分が好きでやるのかで、得られる結果は大きく変わります。

これは、あなたが誰かにフォーユーをする上でとても大切なことなので、ぜひ覚えておいてください。

23

フォーユーを批判されたときこう考える

「誰かのために」は本当に偽善なのか？

人には矛盾するふたつの側面があります。

それは自己中心的な部分と、人のことを考える優しさを持った部分です。

どんな人でもこのふたつの感情を持っています。

「期待以上」

これを目指し始めたとき、ひょっとするとあなたに心ない言葉を言う人が出てくるかもしれません。

「それって偽善だよね」

「もともと自己中心的な人間が、いまさら何をかっこつけてるの？」

本当は誰もが「人に喜んでもらいたい」「誰かの役に立ちたい」という願望を持っています。

しかし、いまの社会はどちらかというと、

「自分の気持ちを最優先にして、わがままに生きた者勝ちだ」

という考え方が主流になってきています。

そんな中で、誰かに喜ばれたいという考え方で動いている人は、必然的に目立ちます。

その行動が、誰の中にもある、封印された愛の部分を刺激してしまうからこそ、その人は攻撃するのです。

◦できなくてもいい。まずは目指すことから始めよう

フォーユーを批判されそうになったとき、あなたの心を保つために大切なことをお伝えします。

最初からできなくてもいいのです。
まずは目指すだけでいいのです。

「期待以上を目指しても失敗したら価値がない」とか、
「完璧にできていない自分はダメだ」
などと思う必要はありません。

本来、100パーセント人のために生きることができる人間など、この世には存

在しません。

100パーセント相手のことを思える人間でなければ挑戦できないのであれば、この世にフォーユーを目指す資格を持った人は、一人もいなくなってしまいます。

まずは目指すだけでいいのです。

大切なのはフォーユーを目指し続けていくことなのです。

○まずは「自分のために」、人にフォーユーをしてみる

自分ごとになりますが、僕は本や講演、事業を通して、フォーユーを目指すことの大切さを、たくさんの人に伝えてきました。

そんな僕自身でも気を抜くと自分勝手な考え方になり、反省することも何度もあります。

しかしたくさん挑戦してきて、いま、思うことがあります。

それは「できる、できないではなく、まずは目指し続けるだけで、人生がいい方向に回転し始める」ということです。

フォーユーを目指し始める前、いまから20年くらい前までは、「自分がよければいい」と、なんともフォーミーな生き方をしてきました。

たくさんの人に迷惑をかけ、傷つけてしまったことも何度もありました。

しかし、フォーユーがいくらかできるようになってからではなく、「そんな自分だけど、まずは目指すことから始めてみよう」と考え方を変えた瞬間から、人生が逆回転し始めたのです。

「できる、できない」を基準にすると、人はそこを指摘してきますし、できなかったときに自分を責めてしまいます。

そうではなくあくまで「フォーユーを目指している」という姿勢でいることは自由ですし、目指している人を揶揄することはできません。

「まずは自分の喜びのためにできるフォーユーからチャレンジしてみようかな」

それくらい気楽に考えて、出会う人に対しての「期待以上」を楽しんでください。

24

一度でうまくいかせようと思わない

誰もが失敗を繰り返して、いまがある

人生がうまくいっている人は、もともと最初からそうだったのでしょうか？

おそらく最初からうまくいった人は、ごく一握りでしょう。

多くの人が失敗し、その中からたくさんの学びを得ながら人の心を理解し、いまの状態に至ったはずです。

どんな人でも最初からうまくいくことはありません。

うまくいっている人ほど、何度も挑戦し、失敗を重ね、その中で微調整をしなが

ら、徐々に自分の成功パターンをつくってきたのです。

この本を出版してくれたきずな出版から、２０１９年、２０２０年に年代シリーズを出させていただきました。

タイトルは『30代を無駄に生きるな』『20代を無難に生きるな』。

ありがたいことに、この本は2冊で約20万部を超え、多くのその世代の人たちに読んでいただくことができました。その中で、いちばん反応が大きかった内容を、この本を読んでくださるあなたにシェアします。

◦感動の打率を上げる方法

フォーユーにチャレンジする。

これは、例えれば、野球のバッターボックスに立つことと同じです。

うまくいっている人ほど、人の何倍も失敗を繰り返しているものです。

最初は1割バッターだったとしましょう。

これは10回打席に立ったとき、1回しかヒットを打てないという計算になります。

ここに10回バッターボックスに立った人と、1000回立った人がいるとします。

1割の計算で言えば、1回と100回成功するということになります。

しかし、実際はそうはなりません。

人は回数を重ねるたびに成長するからです。

1000回もバッターボックスに立っていれば、徐々にポイントを捉えることが上手になり、その打率は確実に上がっていきます。

そして成功回数が増えていけばいくほど、挑戦することが楽しくなります。


これと同じ理屈です。

「期待以上」もチャレンジしていけばいくほど上手になり、やがてそれが習慣になっていくということです。

最初の頃は意識しながらやっていたものが、だんだんと呼吸をするように無意識にできるようになっていくのです。

失敗、それは一度目で成功させようと力むことから生まれます。

成功、それは「失敗してもやり直せばいい」と考えることから生まれるのです。

25

どんな状況でも楽しむことを忘れない

◦コントロールできないことで悩むのはもうやめよう

ある有名なプロ野球選手が、成績に対して批判されたときに、こんなことを言っていたのをテレビで見ました。

「人の評価というものは、僕にはコントロールできないので、それほど気にしないようにしています。僕がコントロールできること。それは明日の打席で、いかに勝負に臨み、そしていかに正確に打球を捉えるかを考えることです」

さらっとしたシンプルな表現でしたが、僕はこの言葉に感動してしまいました。

同時に、若くしてすでにこの人は人生の達人だと感じました。

何事もそうですが、感動の達人は、田んぼを見ても風情を感じたり、絵を描いたり、俳句をつくったりと、どんな状況でもその場を価値があるものに変えることができます。

人生がうまくいっていないときは「仕方ない。なんとかなるさ」とその時期にしかできない勉強をしてみたり、思い切って休暇を取って自分の時間に充ててみたり、とにかくその状況をいい方向に活かすことができるのです。

逆に楽しめない人は、いまの自分の状況を嘆き、人に恨みつらみを言ったり、誰かのせいにしてみたり、ふさぎこんでしまいます。

こんな人ではおそらくどんなライブに行こうが、遊園地に行こうが感動はできないでしょう。

○こんなリーダーだからうまくいく

この選手の言葉にふれたとき、思い出したことがありました。

以前、陽なた家で、中学校の同窓会を企画してくれた幹事さんのことです。

その幹事さんはとても情熱的な人で、会の当日を迎えるまで、うちのスタッフたちと綿密に、「きてくれる人にどう楽しんでもらえるのか？」を話し合い、台本をしっかりとつくり、参加者たちが喜ぶ仕掛けをたくさん準備しました。

幹事さんのその一生懸命な姿に僕たち店側も特別な思いが入り、その日を楽しみにのぞみました。

しかし、残念ながら、その日はドタキャンが多く、予定の半分くらいしか人が集まりませんでした。

ずっと準備していたまわりの仕掛け側のメンバーたちもがっかりしていて、中には、こない人のことでふてくされている感じの人もいました。その人たちのこれまでの準備にかけた思いからすれば、これはある意味当然のことだと僕も思いました。

しかし、ここからその幹事さんの素晴らしいリーダーシップが発揮されました。

僕のところにきて、彼は言いました。

「オーナー、すみません。集まったのが予定の半分なので、台本通りのイベントができなくなりました。でもきてくれた人に喜んでもらいたいので、ここからこの会を、僕なりのアドリブで進めさせてもらっていいですか？」

「もちろんです。僕たちスタッフがサポートできることは全部やります」

と、僕も自然にそう答えました。

普通はヘコんでも仕方ない場面なのに、他のメンバーたちを励ましながら、その幹事さんは、きてくれた人をこれ以上ないというくらい楽しませていました。

僕もひとつのグループのリーダーとして、その人の采配に心から感動しました。

○どんな状況でも楽しめる人が感動を生む

普通はそこまで力を入れていたり、段取りを組んでいた場合、感情を立て直すのに時間がかかるはず。

しかし、その幹事さんは違いました。

きてくれた人や、企画した仲間たちに終始気を使い、そのアドリブ力で準備したものを何ひとつ無駄にすることなく、大感動の同窓会に仕上げたのです。

パーティー後、彼は僕のところにきて言いました。

「やっぱりイベントってイレギュラーバウンド起こしますね。

そこを計算に入れてなかった自分が甘かったです。

でも、おかげさまで、みんな喜んでくれましたし、僕自身も本当に楽しむことができました。今日は本当にありがとうございました」

そう言って帰られました。

見送ったときのその幹事さんの後ろ姿を、僕はいまでも忘れることができません。

その後、そのときの会がご縁で常連さんになってくれた参加者がいました。その方から聞いたところによると、その幹事さんは地元のすべての中学校を集めて行う千人を超える大同窓会の企画幹事に抜擢されたそうです。

「選ばれるのは当然のことだし、彼ならきっと素晴らしい会にするだろうな」

素直にそう思いました。


晴れた日は晴れの中を、雨の日は雨の中を。

どんな状況の中でも、楽しめる人には必ず人が集まります。

どんな状況の中でも、まわりのことを思えるフォーユーな人は必ず感動を生み出します。

26

たまには相手の立場に立ってみる

●親の心、子知らず

「なんでそこでシュートを打たないんだ！　だからダメなんだよ」

この言葉は、先にあったサッカーのワールドカップで、サポーターたちが日本中で叫びまくった言葉ではないでしょうか？

選手からしたら「んじゃあ、あんたがやってみろよ」と言いたくなったことと思います。

いきなり何の話が始まったのかと思うかもしれません。
ここでお伝えしたいこと、それは

人は自分がその立場に立ってみるまで、相手の気持ちはわからない

ということです。

僕自身そうですが、人はある意味自分勝手な部分を持っています。自分がその立場に立っていなかったら、どんな立派なことでも言える生き物なのです。
親の心、子知らず。これは自分が親になったときに、はじめて親の気持ちを知るという言葉ですが、これは言い換えると、相手の立場を理解しようとすることの大切さを説いている言葉である、と解釈することもできます。

○なぜつくり手と売り手は対立するのか？

ビジネスで言えば、雇用側と被雇用側、もっと顕著なのが、製造と営業、つまり「つくり手」の部門と「売り手」の部門は、多くの会社で対立が生まれます。

陽なた家でも、もれなくそうでした。

開店したての頃、キッチンとホールは毎日ケンカをしていました。

しかもオープンキッチンで無駄に元気に言い合いをするものですから、その声がお客さんに思いっきり届きます。お互いが自分の都合で言いたい放題なのです。これには本当に頭を抱えました。

「このままじゃ絶対にうまくいかない」そう思った僕は、いま振り返っても「お前はアホか」とつっこみたくなるような配置変更を行いました。

キッチンスタッフをホールスタッフに、そしてホールスタッフをキッチンスタッフへと全取っ替えしたのです。

これには大ブーイングでした。当たり前です。サッカーで例えると、センターフォワードがキーパーになり、キーパーがゴール前に立たされたような状態です。

店は想像を超えた大混乱。

「味が落ちた！」

「料理やドリンクまだこないの？」

「接客レベルが下がった！」

と、お客さんからはクレームの嵐。本当に店が潰れるかと思いました。

しかし、そのときの心境は、「それで潰れるなら潰れてしまえ」、くらいの気持ちで、僕自身もお客さんに頭を下げるために、店内を走りまくりました。

それでも元の配置に戻そうという気持ちにならないくらい、当時はキッチンとホールのバトルが激しかったのです。

○自分がその人の立場だったらどうする？

「あの、しげにい、俺たちもうケンカしないんで、そろそろ元に戻してください」とスタッフたちから何度も懇願されましたが、「3ヶ月は絶対に変えない。それで辞めたい奴はやめろ」とゆずりませんでした。

その姿勢にスタッフたちはあきらめたのか、もしくはお互いの立場での気持ちがわかったのかは謎ですが、ホールスタッフ（元キッチン）はてんてこまいのキッチンスタッフ（元ホールスタッフ）のフォローに入るようになりました。そして手が空いたキッチンスタッフは、厨房からお客さんのところに自らが商品を持っていくようになりました。

1ヶ月半ほど我慢に我慢を重ね、スタッフたちの切なる要望で、やっと元のポジションに戻したところ、ケンカも減り、それぞれのカバー範囲も広くなりました。

あのチャレンジで店が潰れなかったのは、いま振り返っても奇跡としか言いようがありません。同時に、あの無茶な人事に付き合ってくれたスタッフたちに、いまでは感謝と謝罪の気持ちしかありません。

しかし、結果として、あの体験は僕の店のスタッフたち全員にとって、とても貴重なものとなりました。

当人の立場に立って「自分がこの人の立場だったらどうするだろう?」その組織にいる人たちがみな、そう考える習慣を持つことは、とても大切なことです。

相手の大変さを知ることで、少なくとも自分の意見ばかりを相手に押しつけることは激減するでしょう。

人は相手の立場を体験したとき、はじめてその人の気持ちを理解することができます。

常に人の気持ちになって考えるというフォーユーの習慣を身につけたいものです。

27

笑顔と安定感を常に意識する

笑顔こそ、いますぐできるフォーユーである

さて、ここからは、一人でいますぐできる簡単なフォーユーについてお伝えていきましょう。

「和顔施《わがんせ》」という言葉をあなたはご存知でしょうか？

これは仏教の教えである「無財の七施」の中にある言葉のひとつです。

この本の内容に当てはめて意訳すると

「笑顔でいるだけでフォーユーになる」

という意味になります。

日本人は世界的に見ると、感情が表情に出にくい民族だと言われます。

昭和では「男は無駄に笑顔を見せないほうが価値がある」と言われていました。

その時代に新入社員を経験し、その価値観が染み付いた年配の上司などは、悪気なく仏頂面をしている人も少なくありません。

しかし、時代は平成を通り越して令和です。

仏頂面の人は「たんなる感じの悪いめんどくさいおじさん」扱いされてしまうくらい、人の価値観は変わりました。

逆に、いつも笑顔を絶やさない人にこそ、人は好感を抱くようになり、そうした人こそが話しかけやすい対象である、という価値観に変化しました。

「面白くないのになんでそんなに笑顔でいなければいけないのか？」

とつっこまれそうですが、できる限りご機嫌な人に安心感を抱くのは、人の感情だから仕方ありません。

○常に自分の機嫌を安定させる

表情で気をつけるべき、もうひとつの観点があります。

それは「安定感」です。

少々嫌なことがあったとしても、人に対して安定した姿勢で向き合うという心遣いができる人は、まわりの人に大きな感動を与えます。

生きていれば、いろんなことが起こります。

人生は理屈通りに進まない生モノと言えます。

例えば、プライベートで嫌なことがあったり、仕事の中でなんらかの衝突が起きたり。そんなときに、まわりに八つ当たりしたり、不機嫌な空気をまき散らすのは、フォーミーです。

人はどんなときでも安定感がある人に安心感を覚えます。そしてまわりのために自分を安定させるという行為はフォーユーであり、静かな感動を生み出します。

このことを象徴するような出来事がありました。

僕のコンサルの取引先さんで、姉と弟で50人くらいのスタッフを抱えている姉弟がいます。

お姉さんは僕よりふたつ下、そして弟さんはそのふたつ下。このお姉さんがやり手で、23歳のときに一人で創業をし、弟さんと二人三脚で会社を大きくしてきました。

ぱっと見には、「え？　このぽやんとした女性が創業社長？」と聞きたくなるようなおっとりした社長ですが、芯はとても強い人です。

これに対して、どちらかというと、弟さんのほうはやんちゃあがりの元気小僧タイプです。

あるとき、僕が会社に呼ばれ、社長室でお姉さんと打ち合わせをしていたときのことです。

不機嫌な顔をした弟さんが入ってきました。

何やら、方向性の違いで取引先さんとトラブルがあったらしく、それをお姉さんに半ば当たり気味に報告をしていました。

ひとしきり話を聞いたあと、お姉さんが弟さんに指示を出していたのですが、弟さんはまったく聞き入れようとしません。

すると、びっくりするくらい、お姉さんが弟さんを怒り始めたのです。

僕はその姉弟喧嘩に挟まれて黙っていました。

弟さんはお姉さんをにらみつけ、怒りが収まらない様子。

お姉さんも同じ形相でした。

「ありゃー、こりゃ収まるのに時間かかるな」と思っていたところ、そこに別のお客さんが入ってきました。

すると、一瞬前までの鬼の形相が嘘のように、

「あら、久しぶり。いらっしゃい」

と満面の笑みで、お姉さんがその人を迎えたのです。

僕は彼女のあまりの切り替えの早さにびっくりしました。

そのお姉さんに対し、弟さんは舌打ちして、怒ったまま出ていきました。事務所にいたスタッフたちも、彼に気を遣っていました。あの顔でオフィスに行けば、そうなるのは当然でしょう。

来客が帰ったあと、僕が、

「あれだけのケンカの最中に、よく切り替えましたね」

というと、彼女はさらっとこう答えました。

「私がケンカしたのは、あくまで弟です。他の人には何の罪もありません。そもそも私、いくら嫌なことがあっても、その空気をまわりに振りまくのは嫌なんです」

感情的にならない、こういう人は本当につき合いやすいものです。

安定感は、まわりの人を安心させる大きな要素です。

自分で思っているより、まわりの人はあなたの表情やテンションを見ているものです。

まわりの人のためにも、「自分の機嫌は自分で取る」という姿勢を心がけましょう。

どんなときでも安定感のある人はまわりに感動を与えます。

人の安心感はあなた自身の安定感から生まれるのです。

28

共感だけで感動は生まれる

うなずきこそが最高のフォーユーアクションである

相手に安心感を与えるために、いい表情でいることを心がける。

これと同じくらい、いや、ひょっとしたらそれ以上に、相手に驚くほど安心感を与えるフォーユーな行動があります。

おそらく簡単すぎて、「なんだそんなことか」とあなたは思うかもしれません。

しかし、特に日本人はこのアクションができていない民族であると言えます。

僕はこれまで4000回近くの講演をやってきました。

その中で、

「なぜ義務教育の中で、これを徹底して教えなかったんだろう？　僕たちは授業だけでも何千時間も受けてきたのに」

と感じてしまうことです。

逆を言えば、これだけで人に好かれ、人に必要とされ、人に感動を与えることができるアクション。

前置きが長くなりましたが、言います。

それは「うなずき」です。

うなずいて話を聞いてくれるだけで、人は感動します。

しかし残念ながら、この簡単なアクションができていないがゆえに、損をしている人が多いのはとても残念なことです。

◦会議でのうなずきの数と会社の業績は必ず比例する

日本人は会議が嫌いです。その中で発言の順番などがまわってこようものなら、本当に億劫になってしまいます。

日曜の夜、「明日は会議だ！　ワクワクして眠れない」と思う人は限りなく、ごく少数でしょう。

現に会議をテーマにした本は、「いかに会議を短くするか」という本がたびたびベストセラーになるくらい、できればそこにかける時間は少ないほうがいいというのが多くの人の心情なのでしょう。

その第一の原因こそが、「うなずく姿勢の欠如」なのです。

うなずいて話を聞いてくれる人が少ないからこそ、人は無意識に、

「自分は受け入れられていない」

「まちがったことを言おうものならマイナス評価になる」

と萎縮してしまうのです。

これまでたくさんの会社の経営サポートをしてきましたが、業績を上げるのは簡単です。会議の中でうなずきを徹底すればいいのです。

「そんなことでうまくいくはずがない」とよく言われます。

しかし、僕がサポートしてきた会社のミーティングは、必ず盛り上がり、たくさんの人が発言できるように習慣づいていきます。

みんなが発言をしすぎるがゆえにどんどん時間が延び、それに比例して業績は上がっていきます。

100パーセントと言っていいくらいに、です。

特にリーダーのうなずきは、部下に大きな勇気を与えます。

リーダー自らが意識してうなずくだけで会社の業績が上がるなら、やって損はありません。

先ほど授業の話をしましたが、日本の教育の中で、うなずきに対する評価点はありません。ゆえに、真面目な人であればあるほど、眉間にシワを寄せてお地蔵さんのようにじっと話を聞くことが習慣づいてしまっています。

しかし、社会に出ると、コミュニケーションを上手に取れるかどうかということが、人から引き立てられる鍵になります。

つまり、この役に立つ部分に対する指導の量がいちじるしく欠けているのです。ということは、何千時間もその姿勢で話を聞いてきた真面目な人ほど損をしてしまうということになってしまいます。

これはとても残念なことです。

○うなずきは相手に対する「肯定」である

人は誰もが、自分のことをわかってほしい生き物です。
そして願わくば、肯定してほしい生き物です。

うなずきは多くの場合、「頷き」と表記されます。
しかし実は、うなずきには「肯き」という表現もあります。
つまり、うなずくとは「相手を肯定する」という意味合いも含まれているのです。

うなずいて聞いてくれる人がいることで、話す人の心は活性化し、ふだん言えなかったことや、心の底に隠し持っていたすごいアイデアが飛び出してきます。
何よりも、聞いてくれた人のことを好きになります。

つらいことがあったとき、ただそばにいて、自分の話をうなずいて聞いてくれた人のことを、人は忘れることはありません。

たとえそれが解決にまで結びつかなかったとしても、です。

これまであなたが好きだった人のことを思い出してみてください。その人たちは、どんなときでも、あなたの話をうなずきながら、じっと聞いてくれたのではなかったでしょうか？

そう、うなずきは最強のフォーユーアクションなのです。

もともと優しい民族である日本人が、一人残らずこの武器を手に入れる日がくることを心から願って、僕はうなずきの重要性をこれからも伝え続けていきたいと思っています。

29

人の心が温かくなる言葉を心がける

◦いま、言葉が泣いている

有史以来、数千年の歴史の中で、人間が発明したいちばんの道具、それはおそらく「言葉」でしょう。

聖書のスタートが「はじめに言葉ありき」であるように、人の歴史は言葉とともにある、と言っても過言ではありません。

その歴史の中で、現代ほど言葉というものが乱雑に扱われ、人の心を蝕んでいる時代はなかったのではないでしょうか？

人の心は繊細なものです。

たった一言で救われることもあれば、逆にたった一言で人の未来や命を奪ってしまうこともあります。

ネットで飛び交う誹謗中傷、笑いのために人を傷つける人々。

本来人の心を通わせ、人を発展させてきた言葉が、いま、いたるところで凶器になっています。

ここまで「フォーユーが感動を生む」ということを一貫してお伝えしてきましたが、それは決して難しいことや超人的なことをしようということを言っているのではありません。

心がけ次第で簡単にできることで、人生は思った以上に感動的なものになる、とお伝えしたいのです。

その中でもごくごくシンプルな行動。

それは「**相手の心が明るくなる言葉を使う**」ということです。

◦フォーユートークとフォーミートーク

言葉には大きく、人を元気にするフォーユートーク、と自己中心的なフォーミートークに分けられます。

いかがでしょう？　あなたの使う言葉はどちらが多いでしょうか？

そしてこれは意外と知られていませんが、自分が使う言葉は、他人だけではなく、自分自身にも大きく影響を及ぼしています。

言葉は心をつなぐツールであるとともに、自分の心を楽しい方向や悲しい方向に導く舵の役割をしているのです。

人間は、一日に心の中で数万という数の言葉を発していると言われています。

その言葉をいい方向で使うのか、マイナスの方向に向けて舵を切るのかでは、一日に得られる幸福度に大きな差ができます。

また、脳科学の世界でも、最近、特に言葉の重要性が語られています。

人を責めたり人を批判する言葉は、潜在意識の中で、自分自身をも蝕んでしまうのです。

○まずは自分のためにもいい言葉を使おう

最近、誰かが失敗したり、道に外れたことをすると、たくさんの批判コメントが集まります。

しかし、この本を読んでくださっている方は、こうしたコメントはできる限りやめていただきたいです。

それはその人を傷つけてしまうからだけではなく、結果としてあなた自身の世界が窮屈になってしまうからです。

失敗した誰かを責めるということは、もしあなた自身が失敗したときに、同じように責められるということになります。

そうなると、必要以上にまわりの目を気にするようになったり、失敗を恐れてせっかくのチャレンジをやめてしまうことになります。

そうした人が増えると、人の行動は停滞し、進化が止まってしまうでしょう。

人が何かを達成したら、全力で「よかったね」「すごいね」と褒める。

自分がうまくいったときは、自慢するのではなく、まわりのおかげであることを語る。

さりげなく人を立てる言葉を使う。

いいところを見つけたら惜しみなく褒め称える。

弱っている人がいたら元気が出る言葉をかける。


これは心がけひとつでいますぐできるはずです。

○言葉を凶器にするのはもうやめよう

いまの日本の不況は、マイナストークが引き起こした「言葉の不況」です。

すべてではないにせよ、言葉の使い方が及ぼすマイナスの影響が、大きな原因となっています。

毎日流れる暗い情報。

前向きな人の足を引っ張ろうとする「出る杭は打ちましょう」精神。

これではいくら景気をよくしようと政治家ががんばっても、人は安心して財布のひもをゆるめることができません。

いくら先生が生徒に道徳的なことを教えても、それをバカにする大人のもとで育った子どもにはその言葉が入りません。

政治家が政治を、教育者が教育をどんどんしにくい世の中になっているのです。

では、いまの僕たちに何ができるのか？


それは自分自身がプラスの言葉を発信して、人の心に火を灯していく、そして言葉の力を使って「フォーユー」の連鎖を起こしていくことです。


いま、誰もがチャンネルを持てる時代がやってきました。

特別なメディアだけでなく、一人一人が情報の制作者であり、プロデューサーであり、脚本家であり、主役になれる世の中になりました。

つまり、すべての人が表現者になれる時代がきたのです。

言葉は、あなたのまわりの人を、そして誰よりもあなた自身を幸せにするいちばん大きな道具です。

包丁でおいしい料理をつくることができたり、人を傷つけてしまったりすることがあるように、言葉の使い方ひとつで、素敵な人生も残酷な人生もつくれるのです。

もうこれ以上、僕たちの住む世界が暗さに負けてしまわないように。
あなたの大切な人が傷つくことのないように。
子どもたちの未来が明るい言葉であふれるように。
そして世界中でたった一人しかいないあなた自身が明るく生きていけるように。

「プラストーク大国日本」の時代がやってきますように。

第4章

大切な人を思うとき、人は必ず強くなる

30

感動が生まれる瞬間

一生懸命で純粋な姿が人の心を動かす

毎年、人の心を感動させる高校野球。

そして正月の風物詩である箱根駅伝。

これらのイベントは、なぜ人を感動させるのでしょうか？

それはマウンドで泥まみれになる球児や、タスキの重みを背負いながら全力で走る部員たち、それに加え、スタンド席や沿道で声をからして応援する人々の姿、そこにいるすべての人たちの思いが、僕たちに忘れかけた何かを思い出させてくれるからではないでしょうか？

感動は三つの要素がクロスしたときに生まれます。


ひとつ目は、大切な誰かのために、つまりフォーユーの気持ち。

ふたつ目は、一生懸命であること。

そして三つ目は、その思いの純度。


これは高校野球や箱根駅伝だけではありません。

僕たちがいま、生きている日常や仕事の中でも、この三つの要素がクロスする瞬間に、感動は生まれます。

その要素が誰の中にもあるからこそ、その姿に共鳴し、感動するのです。

○人はエゴと愛の両面を持っている

「人はそんなにきれいなモノじゃないよ。誰もがエゴにまみれて生きてるよ」

そう捉える人もいるかもしれません。

もちろん誰にでもエゴはあります。

しかし、一概に、すべての人たちがエゴだけで生きているというほど、人間は汚れた生き物ではありません。どんな人であれ、大切な人を思う純粋な気持ちは持っています。

例えば、お腹の中にいる子どものために十月十日を過ごし、命がけで産み、そしてさらに、生まれたあとも、子どものために自分の人生を使っていくあの母の愛。

それすらエゴとまとめてしまうのは、いささか意地悪なような気がします。

それだけでなく、無条件で大切な誰かのために一生懸命になる瞬間は誰にでもありますし、これまでの人生の中で、どこかでそうした人に会った記憶は誰にでもあるのではないでしょうか？

思い出してみてください。純粋にあなたのことを一生懸命思って行動してくれた人、助けてくれた人の存在を。


人はエゴだけではありません。

大切な人のために、ただ純粋に一生懸命になる愛の側面も持っています。

そして人知れず生まれるそうした感動が、人の心を動かしているのです。


いま、この瞬間も、この地球上のいたるところで。

31

たった一人の大切な人のために

○あなたの大切な人は誰ですか？

「人は自分が幸せになるために生きている」

それは誰もが同じです。

しかし、人生を豊かにするためには、もうひとつ、大切な存在がいます。

それは「自分の大切な人」です。


人は不思議な生き物です。

自分だけのために生きると、いつか息切れし、挫折してしまいます。

しかし、自分だけではなく、大切な人を幸せにしたいと思うとき、人のエネルギーは活性化し、ふだん以上の力を発揮できるようになるのです。

フォーユーには「人を大切にする」という意味に加えてもうひとつ、「大切な誰かのために」という意味合いもあります。

もしいまの時点で、あなたが自分のためだけに何かを果たそうとしているとしたら、そこにたった一人でもいい、あなたの大切な人をプラスしてみませんか？

◦自分の中に、たった一人の大切な人をプラスする

何度もお伝えしてきましたが、僕はこれまで自社の経営以外に、たくさんの人や

会社のサポートをしてきました。
その中で、大きな変化や成功、そして失敗をたくさん目にして気づいたことがあります。

人生が大きく変わるとき。
それは自分が人生を送っていく中で、「大切な誰かのために」がプラスされたときです。

「あなたは、何のために、誰のために、いまこの時間を使いますか？」
これは何かを始めるとき、会社のスタッフたち、そしてクライアントさんたちに、いちばんに問いかけている質問です。

目を閉じてイメージしてください。

何を？

あなたの大切な人が笑っている姿です。


自分は誰を喜ばせたくて、いま目の前のことに取り組むのか？

いまのこの姿を誰に見てほしくてそれをやるのか？


この答えを自分の中にありありと描いて目を開けると、その人の瞳にスイッチが入ります。

人は誰もが意味を求めて動きます。

つまり、「何のため、誰のため」がはっきりと見えているのと、見えていないのとでは、結果が大きく変わります。

そしてその威力をあなたに実感していただくこと。

それこそがこの本を書いた最大の目的なのです。

◦あなたのパフォーマンスを最大限に引き上げる存在

いま、この本を手に取って読んでくれているあなたに、ここから新しい自分を始める上で、常に習慣にしてほしいことがあります。

それは自分の仕事や人生に

「誰を幸せにしたくて、それに取り組んでいくのかを考える癖を持つ」

ということです。

たった一人でいいので目的の中に、「大切な誰かのため」を入れてみてください。

それだけで、あなたの人生は大きく変わります。

「自分のために生きてはいけないの?」

そう思う人に言います。

自分のことは絶対に外さないでください。

もっと極論を言えば、「自分の幸せのために、他の誰かを設定する」という、一見不純に見える動機設定から始めてもいいのです。


大切な人を思うとき、人は必ず強くなります。

そしてパフォーマンスが上がります。

パフォーマンスが上がっていい成果を残すことで、いちばん幸せになるのは？

もうおわかりですね。そう、あなた自身です。

道徳論や綺麗事ではなく、あなた自身を幸せにするいちばん合理的な早道。

それは「自分が何かをやる意味に、『自分のために』ともう一人、『大切な誰かのために』をプラスする」ということなのです。

32

人は誰もが無意識のうちに「意味」を探している

◦何のために、誰のために

質問します。

あなたはモチベーションの正体を知っていますか?

「夢を持つと人はやる気になる」

このモチベーションアップの考え方が当たり前のように言われるようになって、もうずいぶん時間が経ちます。

そして、これはあたかも当たり前の共通認識となっているため、「夢を持っている人は善であり、夢を持てない人はダメだ」という図式ができあがってしまっているのです。

しかし、本当にそうでしょうか？

夢が持てないということは、そんなにマイナスなことなのでしょうか？

もちろん夢を持つと、人生が楽しくなるということはその通りです。

しかし、僕はモチベーション＝夢という理論には全面的に賛同しかねる部分があります。その理由をお伝えします。

長年追いかけてきた夢が叶わなかったとき、もしくは夢が叶ってその先が見えなくなったとき、人のエネルギーは下がります。

しかし、それでも人は生きていくことはできます。

ところが、これをなくしてしまうと、人は命まで絶ってしまうというものがあります。

それは「意味」です。

もっと簡単に表現すると、「何のために、誰のために」という部分です。

夢が「目標」と表現されるなら、意味は「目的」と言い換えるとわかりやすいかもしれません。

人はいま自分がそこにいる意味、仕事をする意味、何かをがんばる意味を無意識に求めています。誰もが気づかぬうちに、「ために」という言葉を使っているのがその証拠です。

「ために」は英語で言うと「FOR」に当たります。「家族のために」「未来のために」。すべては「何か」のために、「誰か」のために人は生きているのです。

このような理由から僕はモチベーションの正体は、「夢」ではなく「意味」であると思っています。

◦あなたの中にあるモチベーションという光

もっと詳しく言うと、モチベーションは上がったり下がったりするものではありません。上がったり下がったりするのはテンションです。

モチベーションは「意味」という名の光なのです。

その光が自分の中ではっきり見えているとき、人はやる気になります。

逆にその光に雲がかかって見えなくなると、人は迷路にはまります。

ですから正確に表現すると、モチベーションは上がる、下がる、ではなく、見える、見えなくなる、となります。

「何をやるか?」ではなく、「なぜやるのか?」ということが、実はいちばん大切なことなのです。

あなたは何のために仕事をしていますか?

誰のために仕事をしていますか?

33

母を日本一にするという思いがくれたもの

◦暗闇に光をくれた、僕の日本一のファンからの手紙

「日本一の著者になる」というその夢を持ち上京してから4年が経った2020年。その夢は実現し、想像を遥かに超える人たちに、本を読んでいただくことができています。

僕の人生の中で、はっきりと夢と言うことができたのは、「たこ焼き屋になる」ということと、「日本一の著者になる」というふたつだけです。

そして後者の出版にかけた夢は、実は僕が自身で持ったものではなく、母がくれ

たものでした。

２０１６年5月23日。

約11ヶ月の闘病生活を送り、母は天国に旅立ちました。

その期間、「とにかく一日でも母を長生きさせる」ということだけを考えてきた僕は、なかば目的をなくし、うつろな時間を過ごしました。

母の死から2ヶ月半が経ち、初盆の準備をしていた２０１６年8月11日、母の部屋から1冊のノートが出てきました。

それは闘病生活の中で、ずっと横にいた僕に向けて書いていた母の手記でした。

7月10日、病院で宣告されたときのこと。

8月5日、僕と言葉の力について語ったこと。

9月22日、抗がん剤で苦しんでいる中、もし復活できたらやりたいこと。

いろんなことが書いてありました。

そして最後のページに書かれていたこと、それは未来を生きる僕に向けたメッセージでした。

その文章の中に

「あなたは絶対日本一のメンターになるよ」

という言葉、そして、送り主としての自分をこう書いていました。

「あなたの本の日本一のファンのたつみより」。

◦母がいちばん喜んでくれた僕の仕事

ノートが見つかった翌日、2016年8月12日、初盆を明日に控えた日の夜、僕は実家にいた父、弟、妻に、僕の決意を伝えました。

それは「日本一の著者になるために東京に行く」ということ。

闘病中、唯一僕が母の横でできる仕事、それが本を書くことでした。

できた原稿を楽しそうに母は読んでくれていました。

文章の中に僕が天狗になっていると感じたところがあれば、厳しく指摘もしてくれました。

そんな母がよく言っていました。

「本っていいよね。誰でも手に入れることができて、たくさんの学びがあるから。そして何よりも、本を通してメンターに簡単に会うことができる。あんたも本を通して誰かのメンターになれるといいね」

いま振り返ると、ひょっとすると、母自身、メンターという言葉は著者を英語にした表現だと思っていたのかもしれません。

そんな母が書いた日本一のメンター、それはイコール「日本一の著者」という意味であることはすぐにわかりました。

◦「誰のために」に気づかせてくれた父の一言

そのことを伝えたとき、父がふと言った言葉が僕に意味をくれました。

「そうか。わかった。でももしお前が日本一の著者になったら、たつみは日本一の母になれるんだな」

「どういうこと？」

「そりゃお前、息子が日本一になったら、その息子を産んで育てた母は日本一の母ってことになるだろ」

なにげない言葉でしたが、それこそが僕の中で「誰のために」を明確にしてくれたのでした。

正直、母が生きていたときに直接言われたこともありましたが、僕自身は著者として日本一になるということにあまり興味はありませんでしたし、第一、そんなことが実現できるとも、その時点では思いませんでした。

母の遺言のメッセージで、はじめてそのゴールを意識し始めたというのが正直なところです。

しかし、父が発した言葉で「母を日本一にするために」という、人生の意味がはっきり言葉になって自分の中に宿ったのです。

そのことに気づいたとき、思わず僕は三人の前で子どものように泣いてしまいました。

同時に、ふだんは感じることができないような不思議な力が、自分の中から湧いてきたことを昨日のことのように覚えています。


偶然にせよあの言葉がなかったら、もしくは自分が日本一になるということだけを考えていたら、おそらく僕は何か困難なことに出会ったとき、すぐにあきらめていたと思います。


「母を日本一にする」

その意味が自分の中に光として見えていたからこそ、つらいときも心の支えになり、また、実現に向けての羅針盤になってくれました。

この夢が実現したのは、夢自体ではなく、その夢を叶える意味、つまり「誰のために」が見えたおかげです。

同時に、この夢は母がくれ、母が背中を押してくれて実現したものだと、いま確信しています。

34

だからあの人に天が味方する

天のコード

大切な人のために。

そう思ったとき、人には大きな力が宿ります。

自分を忘れるくらい相手の幸せを考えて動くとき、人は大きな奇跡と感動を生み出します。

あくまでイメージ的なものですが、僕はその現象をこう考えています。

人には誰でも魂があります。

そして、その魂は計り知れないほど、大きな規模のエネルギースタンドとつながっています。

それは、例えるなら、コンセントのコードと巨大な発電機のようなものと考えるとわかりやすいかもしれません。

そのコードはある条件でその太さが伸び縮みします。

その条件とは、

「人のことを考えれば考えるほど直径が広がり、自分のことばかりを考えると直径が縮む」

というものです。

○天が味方する生き方

人の心はその瞬間、ひとつのことしか考えられないようにできています。

自分のことを考えているときに相手のことを考えることはできませんし、逆に相手に集中しているときに、自分自身のことを考えることはできません。


「目の前にいる人が、どうすれば幸せになるだろう？」

「どうすれば、この人がもっと喜んでくれるだろう？」


そう考えたとき、あなたのエネルギーコードの直径は大きく広がり、その瞬間、エネルギーが大きく流れ込んできます。

そして、そのエネルギー量が大きければ大きいほど、あなたは能力を発揮します。

当然、いい結果が手に入ります。最終的にいちばん幸せになるのは、相手のことに集中したあなた自身ということになります。

人に喜ばれる生き方、それこそが、天が味方する生き方です。

相手が喜ぶことをする。
相手が理解しやすいように伝える。
相手の立場になって考える。
どんな行動でも、とことん相手の幸せにフォーカスできるようになったとき、天が味方し、あなたは大きな奇跡を起こします。

フォーユーの気持ち、それこそが感動を生み、そしてその感動だけが人を動かすのです。

どんな人でも夢を持つ力を持っています。
どんな人でも感動を生み出す力を秘めています。
ではなぜいま、夢を持ったり感動できない人が増えているのでしょうか？
それは夢のある生き方をしている人が少ないから。
感動を生み出している人が少ないから。
そして必然的に、そういう人にふれる機会が少なくなっているからです。
誰かのために生き、誰かに喜ばれることで、結果的に自分が幸せになる。

そんな人を目にしたとき、人は必ず「自分もそんな生き方がしたい」と思うようになります。

あなたがその憧れになってください。

大きなことではなくていいのです。

「ほんの少しの期待以上」を日常に増やすと決めること。

その瞬間からあなたの感動物語が始まります。

あなたの背中を見ている人がいます。

あなたの起こした感動に憧れて「あの人みたいになりたい」と思う人がいます。

大切な人を思うとき、人は必ず強くなる。

大切な人を思うとき、人は必ず感動を生み出す。

そんなフォーユーが当たり前の世の中。

それがあなたが残す未来です。

いま、あなたの大切な人は笑っていますか？

エピローグ　たくさんのきずなに恵まれた10年を振り返って

20代の頃、フォーユーという考え方に出会い、僕自身もフォーユーな生き方を目指し、伝えると決めて、だいぶ時間が経ちました。

僕自身、飲食店の現場を通して、そして出版や講演という伝える仕事を通じて多くの人にいろんな角度からお伝えしてきましたが、「フォーユー」という考え方を話すと、「なるほど、それは新しい考え方ですね」と驚かれることがあります。

しかし、これはとりわけ新しい考え方ではありません。

本来、日本人が大切にしてきた精神です。

しかし、僕たちは、先人たちがつくってきてくれた大切な精神性を忘れかけているがゆえに、いま珍しい考え方になってしまっているのだと思います。

この「フォーユー論」を展開していくにあたって、時代を流れるどことなくニヒルな考え方があることを知りました。

「人のためっていうけど、結局それは自分が嬉しいからやっていることでしょ。だから結局自分のためだよね」

「人のためなんて嘘くさい。それって偽善だよ」

確かに「人のため」を看板にして、偽善を働いたり、誰かをだましたりする人も中にはいるかもしれません。

しかし、本文でも書きましたが、母が子を思う気持ち、友達を思う気持ち、自分の大切な人を思う気持ちは、本当にすべて「自分のため」と言い切れるでしょうか。

人の心の中には、誰かを思いやる愛の部分が必ず存在します。

もう一度、自分ごととして振り返って考えてみてください。

困っている人を目の前にして、「自分に何かできることはないかな?」とあなたは考えたことがあると思います。

しかし、その思いを形にしようとしたときに、「偽善」や「かっこつけ」という空気に巻かれて一歩が出なかった経験もあるのではないでしょうか。

講演の中で、

「自分の中で湧き上がってくる他人を思いやる気持ちを我慢しないでください」とお伝えすると、涙する人がいます。それくらい、いまの時代はまわりの反応を気にして、行動にフタをされている人が多いことは事実です。

自分の思いやわがままが通らなかったら、人は苦しみます。

しかし、逆に自分の中にある人を思う気持ちを我慢させられるのも、同じように苦しいものなのです。

僕にも、そんな時期がありました。

「フォーユーを伝えたい」と思ったとはしても、それを口にするとバカにされるような気がしていましたし、実際にバカにされたこともありました。

しかし、僕は幸運でした。

それは、「君が言っていることは、とても大切なことだから、自信を持ってそのまま伝え続けなさい」と言ってくれる人生の先輩たちに恵まれたことです。

その人たちは、共通して、常に「人に喜んでもらえ」と背中を押してくれました。

中にはもっとストレートに、

「自分のためばかりじゃなく、もっと誰かのために生きてみろ」

と僕に言い切ってくれる人もいました。

その方々のおかげで、いまもこうして伝え続けることができています。

そして、あのときの僕と同じように、「人のためにという気持ちは間違っていない」と言い切ってくれる大人が出てくるのを、いまの若い人たちも待っているような気がしてなりません。

不器用ながらフォーユーについて伝えていた12年前。

その思いに共感し、出版の分野で大きなチャンスをくださることになる存在との出会いがありました。

それは出版業界の中で「伝説の編集長」と呼ばれ、ご自身も２００冊以上の本を世に送り出されてきた、櫻井《さくらい》秀勲《ひでのり》先生との出会いでした。

その櫻井先生のもとに僕を連れて行ってくれたのは、櫻井先生のビジネスパートナーで、編集者の岡村《おかむら》季子《としこ》さんでした。

緊張しながら座ると、目の前に座った櫻井先生から、まず最初に真剣な眼差しで、こう聞かれました。

「永松くん、あなたは著者として人生をかけて伝えたいことはありますか？」

僕は答えました。

「日本人が大切にしてきたフォーユーの力を伝えたいです」

そう答えると、櫻井先生はニコッと笑い、

「そうですか。それを即座に答えることができるなら合格です。

ここからあなたは、ずっと本を書き続けることができますよ。

大切なのは、そのワンテーマを、いろんな角度から書き続ける覚悟です。

応援しますよ」

あれから12年の歳月が経ち、その言葉通り、いまもこうして本を書くことができています。

そしてその中でも２０１３年の3月4日に、櫻井先生と岡村季子さんがこの世に誕生させたきずな出版で、著者としていちばん多くの冊数を書かせていただくことができました。

そのきずな出版が２０２３年の3月4日で10周年を迎えました。

社長である岡村さんから「10年の節目にぜひ書いてほしい本がある」とオファー

をいただいたテーマが「感動」だったことをきっかけに、本書は生まれました。

この場をお借りして、感謝とお祝いの言葉を。

櫻井先生、岡村社長、そしてきずな出版のみなさま。

10周年、本当におめでとうございます。

振り返れば、僕のこの10年の著者生活での楽しかったことや、たくさんの出版界の方々との出会いのほとんどは、お二人が築き上げてくれたきずな出版から生まれたものです。

出版不況と言われる状況での船出の中、その嵐をものともせず、

「ことば」は力、「ことば」はぬくもり、「ことば」はきずな。

このコンセプトのとおり、たくさんのきずなを生み出してこられたこと。

その姿を近くで見させていただけたことで、著者として、経営者として、そして何より一人の人間として、たくさんの感動と勇気をいただくことができました。

お二人の背中を追い続けながら、これからも人の心を明るくし、人と人とのきずず

なを紡ぐことができる、そんな本を書き続けたいと思います。

このきずな出版社を生んでくださったことに心から感謝いたします。


最後にこの本を読んでくださったあなたへ。

感動だけが人を動かす。

このきずな出版10周年のメモリアルな本と出会ってくださって、本当にありがとうございます。


いま、世の中は大きな変革期を迎えています。

しかしこれは同時に、フォーミーを脱却し、フォーユーについもう一度考え直す大切な時期なのかもしれません。

これからあなたが前に進もうとするとき思い出して読んでみる。

この本がそんな存在になれたら、著者として、こんなに嬉しいことはありません。

あなたがたくさんのフォーユーを届けることができますように。
あなたがたくさんのフォーユーな人たちに出会えますように。
そして、あなたと、あなたの大切な人たちの人生に、
たくさんの感動が生まれますように。

2023年3月4日
10周年のきずな祭りにて、
3年ぶりに集まったたくさんのフォーユーな仲間たちに囲まれながら

感謝。

永松茂久

特典

本書をお読みくださったあなたへ

感謝の気持ちを込めた
無料読者特典のご案内

特別音声

感動だけが人を動かす MP3

- ☑ 本書読者だけの限定公開
- ☑ 著者：永松茂久が直接収録
- ☑ 耳で聞く、感動の舞台裏

詳細はこちらよりアクセス

https://www.nagamatsushigehisa.com/kandoudake-tokuten

※特典の配布は予告なく終了することがございます。予めご了承ください。
※「永松茂久の3分メッセージ」と同じ内容です。予めご了承ください。
※このプレゼント企画は、永松茂久が実施するものです。プレゼント企画に関するお問い合わせは「https://www.nagamatsushigehisa.com/」までお願いいたします。

永松茂久（ながまつ・しげひさ）

株式会社人財育成JAPAN代表取締役。

大分県中津市生まれ。2001年、わずか3坪のたこ焼きの行商から商売を始め、2003年に開店した「ダイニング陽《ひ》なた家《や》」は、口コミだけで県外から毎年1万人を集める大繁盛店になる。自身の経験をもとに体系化した「一流の人材を集めるのではなく、今いる人間を一流にする」というコンセプトのユニークな人材育成法には定評があり、全国で多くの講演、セミナーを実施。「人の在り方」を伝えるニューリーダーとして、多くの若者から圧倒的な支持を得ており、講演の累計動員数は60万人にのぼる。2016年より、拠点を東京都港区麻布に移し、現在は経営、講演だけでなく、執筆、人材育成、出版コンサルティング、イベント主催、映像編集、ブランディングプロデュースなど数々の事業を展開する実業家である。

著作業では2021年、『人は話し方が9割』（すばる舎）がすべての書籍を含む日本年間ランキングで総合1位（日販調べ）、2022年にはビジネス書籍部門で史上初の3年連続1位（日販調べ）に輝き、120万部を突破。

著書に『人生を言いなりで生きるな』『40代をあきらめて生きるな』『30代を無駄に生きるな』『20代を無難に生きるな』『人生に迷ったら知覧に行け』『影響力』『心の壁の壊し方』『男の条件』（きずな出版）、『人は話し方が9割』『リーダーは話し方が9割』『喜ばれる人になりなさい』（すばる舎）、『君は誰と生きるか』（フォレスト出版）など多数あり、書籍累計発行部数は345万部を突破している。

永松茂久公式ウェブサイト
https://nagamatsushigehisa.com

感動だけが人を動かす

2023年3月25日　初版第1刷発行

著　者　　永松茂久
発行者　　櫻井秀勲
発行所　　きずな出版
東京都新宿区白銀町1-13
電話03-3260-0391
振替00160-2-6333551
https://www.kizuna-pub.jp/

印刷　　モリモト印刷
ブックデザイン　　小口翔平＋阿部早紀子＋青山風音（tobufune）
編集協力　　池田美智子

ISBN974-86663-197-4